新经济浪潮系列

低空经济

开辟天空下的商业新蓝海

徐 刚 肖永忠 倪建兵 编著

化学工业出版社

·北京·

内容简介

《低空经济：开辟天空下的商业新蓝海》一书，从认知、应用、探索三个维度全面剖析了低空经济这一新兴领域。

认知篇，作者详细阐述了低空经济的定义、特征、范畴及其在全球范围内的崛起趋势，特别关注了中国低空经济的发展现状与未来走向。同时，深入解读了政策助力低空经济腾飞的关键因素，以及技术革新如何驱动低空经济飞跃发展，包括智能无人机、电动航空、数字孪生、5G-A、人工智能与大数据等前沿技术。

应用篇，展示了低空经济在物流、旅游、空中出行、城市规划、农业、测绘与巡检等多元化行业中的广泛应用与挑战应对。书中通过具体案例，生动描绘了低空经济如何重塑行业格局，提升效率，并探讨了持续发展的关键要素，如安全、效率与平衡。

探索篇，聚焦低空经济的投资与未来展望，分析了投资热点与风险，介绍了融资模式与创新路径，并对低空经济的技术趋势、社会影响进行了预测与考量。

本书内容丰富，案例翔实，既适合政策制定者、行业研究者作为参考，也是投资者、创业者把握低空经济机遇的必备指南。

图书在版编目（CIP）数据

低空经济 ：开辟天空下的商业新蓝海 / 徐刚，肖永忠，倪建兵编著 . -- 北京 ：化学工业出版社 ，2025.10. --（新经济浪潮系列）. -- ISBN 978-7-122-48693-6

Ⅰ . F561.9

中国国家版本馆 CIP 数据核字第 20251DL362 号

责任编辑：陈　蕾　　　　　　　　　　　　装帧设计：溢思视觉设计／程超
责任校对：宋　玮

出版发行：化学工业出版社（北京市东城区青年湖南街 13 号　邮政编码 100011）
印　　装：三河市双峰印刷装订有限公司
710mm×1000mm　1/16　印张14　字数234千字　2025 年 11 月北京第 1 版第 1 次印刷

购书咨询：010-64518888　　　　　　　　售后服务：010-64518899
网　　址：http://www.cip.com.cn
凡购买本书，如有缺损质量问题，本社销售中心负责调换。

定　　价：78.00 元　　　　　　　　　　　　　　　版权所有　违者必究

当城市天际线不断向上生长，当传统商业边界逐渐触达瓶颈，一个全新的领域正以蓬勃之势展现在世人眼前——低空经济。这片曾被忽视的"天空下的疆土"，在政策松绑、技术突破与市场需求的共同作用下，正迅速演变为全球经济增长的新引擎，成为商业领域争相角逐的"新蓝海"。

从城市上空穿梭的智能无人机，到逐渐商业化的电动垂直起降飞行器；从精准高效的低空物流网络，到别具一格的空中观光旅游，低空经济正以强大的创新力与渗透力，重塑着人类的生产生活方式。它不仅打破了空间的限制，更为经济发展注入了新的活力，创造出前所未有的商业机遇。

本书以"认知 - 应用 - 探索"为脉络，系统地剖析低空经济这一新兴领域。在认知篇，我们深入解读低空经济的定义与范畴，梳理其在全球的崛起历程，剖析政策与技术的驱动因素；在应用篇，聚焦低空经济在多元化行业的实践，解决发展中面临的安全、效率与平衡难题；探索篇则着眼于投资策略、成功案例，对未来技术发展趋势与社会影响进行展望。

无论是敏锐洞察行业趋势的投资者、渴望创新突破的企业家、致力于政策研究的学者，还是对未来充满好奇的普通读者，本书都将为您打开一扇了解低空经济的窗口。希望通过书中翔实的分析与生动的案例，帮助您把握低空经济浪潮下的机遇，见证这片新蓝海的无限可能。

编著者

目录

· 第2部分 ·

应用篇：低空经济的多元化应用与挑战应对

—————— • 第3部分 • ——————

探索篇：低空经济的投资与未来展望

参考文献

第 1 部分

认知篇：
低空经济的崛起与
驱动因素

第 1 章
低空经济：新时代商业的翱翔之翼

 学习目标

1. 知识认知目标

（1）掌握低空经济的定义，透彻理解其核心内涵，准确把握"低空经济"的独特性与创新性，明确其在经济发展中的地位。

（2）熟悉低空经济的主要特征，包括产业融合性、技术依赖性、应用场景多样性等，通过对比分析，准确分辨低空经济与其他经济形态的差异。

（3）系统了解低空经济的范畴，包括无人机、绿色飞行、低空旅游等领域，明确各领域在低空经济体系中的功能与价值，能够构建完整的知识框架。

（4）深入剖析低空经济的崛起历程，明确其从萌芽到快速发展的关键节点；了解全球范围内低空经济的发展情况，包括不同国家和地区的发展模式与特点；掌握低空经济在中国的发展现状，领会低空经济的政策支持、市场规模、技术创新以及未来发展趋势，能敏锐洞察行业发展方向。

2. 能力提升目标

（1）培养整合归纳意识，能够对低空经济的各类信息进行梳理整合，提炼出关键点，总结其中的规律和特点。

（2）提升分析研究能力，通过对比全球不同国家及地区低空经济发展情况，分析差异的原因，提出有针对性的发展建议。

（3）强化信息解读能力，能够准确理解低空经济有关政策文件、行业报告的核心内容，并转化为自身知识储备。

3. 实践应用目标

（1）能够运用所学的低空经济知识，对商业案例进行分析，判断其在低空经济领域发展的可行性与潜力，并提出优化策略。

（2）在未来的工作中，能够基于对低空经济定义、特征、发展趋势的理解，准确把握行业动态，为领导决策提供数据支持，助力企业蓬勃发展。

1.1　定义与范畴：低空经济的新边界

1.1.1　何谓低空经济

低空经济是指以民用有人驾驶和无人驾驶航空器为主，以载人、载货等多场景低空飞行活动为牵引，辐射带动相关领域融合发展的综合性经济形态。

低空经济主要由低空制造产业、低空飞行产业、低空保障产业和综合服务产业构成（前瞻产业研究院，2023），如图1-1所示。

制造	飞行	保障	综合服务
主要包括各类有人驾驶和无人驾驶航空器及其零部件和机载设备的研发、制造等产业	主要包括货运物流、载人出行、文旅活动、生产作业、公共服务等各类低空飞行产业	主要包括基础设施、空域管控系统、航空器操控系统及通信、气象、维修等相关产业	主要包括住宿、餐饮、文化、娱乐等支持低空经济发展的各类地面服务产业

图1-1　低空经济的产业构成

1.1.2　低空经济的主要特征

低空经济虽然与通用航空经济类似，但两者在概念内涵与发展路径上存在显著差异。通用航空经济侧重于传统航空制造、运营及服务领域，而低空经济则在此基础上增加了"低空"的范围限定，聚焦于距离地面垂直高度1000～3000米的特定空域（具体高度因地区管理政策而异），将经济活动锚定在更贴近地面的立体空间内。在这一限定范围内，低空经济呈现独特的发展态势与特征，如图1-2所示。

图1-2　低空经济的特征

1.1.2.1　新技术应用

在技术层面，低空经济具有鲜明的应用特征。依托5G、北斗导航、人工智能、物联网等前沿技术，构建智能化的低空飞行管理系统，实现了对无人机、电动垂直起降飞行器（eVTOL）等新型航空器的精准管控与高效调度；新型复合材料、电推进技术的应用，大幅提升了航空器的性能与安全性，为低空经济的蓬勃发展筑牢了技术根基。

1.1.2.2　新需求创造

在市场需求端，低空经济致力于创造新需求。面对地面交通拥堵这一难题，通过开辟低空通勤航线，满足商务出行、急救转运等高端、紧急需求；在物流领域，利用无人机实现偏远地区、紧急物资的快速投递，填补了传统物流服务的空白，激发了全新的市场需求。

1.1.2.3　新消费引导

在消费引导方面，低空经济催生出一系列新消费场景。低空旅游项目，让游客以独特的视角俯瞰城市风光、自然美景，为其带来全新的旅游体验；无人机表演秀，融合科技与艺术，成为文旅活动、商业庆典的新宠，引领着时尚消费潮流。

1.1.2.4　新供给培育

在供给方面，低空经济正培育出多样化的新供给模式。创新型企业不断推出符合低空应用场景的产品与服务，如具备自主避障功能的物流无人机、适合低空观光的小型飞行器等；同时，以共享经济模式为基础，发展航空器分时租赁、飞行服务按需定制等新型供给形态，提升资源利用效率。

1.1.2.5　新生态构建

在生态构建层面，低空经济积极构建新生态。

低空空域作为新兴的立体化空间资源，其经济价值的潜力亟待释放。相较于传统的地面空间资源，低空空域突破了平面限制，以三维立体形态呈现了经济发展新维度。通过统筹配置低空与地面资源，推进二者协同开发利用，能够构建跨维度的经济联动体系，打破低空与地面经济活动之间的壁垒，促使资金、技术、人才等要素实现无障碍流通，形成相互促进、协同创新的发展格局。

从微观层面看，这种融合为产业创新提供了肥沃土壤，催生出城市空中交通接驳地面物流网络、低空文旅与地面文旅深度融合等新模式、新业态；在宏观视角下，这种融合有助于构建"低空＋地面"一体化的高水平经济生态，实现空间资源的高效利用与经济效能的最大化。随着低空与地面资源联动开发的深入推进，一个全新的价值生成与循环模式正在形成，为经济高质量发展注入了强劲动力。

通过整合政府、企业、科研机构等多方资源，可建立涵盖政策法规、标准规范、产业联盟、人才培养等内容的完整生态体系。政府出台支持政策与空域管理办法，企业加大研发与市场拓展力度，科研机构提供技术创新支撑，从而共同推动低空经济生态的繁荣发展，形成多方协同、互利共赢的良好局面。

1.1.3　低空经济的范畴

低空经济的范畴具有多维度、动态化等特征，其内涵与外延在技术迭代与产业升级中持续拓展。

1.1.3.1　产业结构

从产业结构来看，低空经济可分为核心产业与辅助支撑体系两大板块。

（1）核心产业

核心产业作为低空经济的发展支柱，包含图 1-3 所示的三大领域。

图 1-3　低空经济的核心产业

① 低空运输与休闲娱乐

这一产业是低空经济服务的直接产出，涵盖空中通勤、物流配送、空中游览等多元化服务场景，同时也承担着农林植保、应急救援、城市治理等公共服务职能，具体包括低空飞行产品 / 服务，如商务出行、空中物流、空中旅游、环境治理、巡逻巡检、休闲娱乐等。

② 航空载运与作业装备技术

聚焦各类航空器及配套作业装备的研发与制造，可为低空飞行活动提供技术与硬件支持。从民用无人机到先进的机载遥感系统，均属于这一范畴，具体涵盖各类航空器以及机载喷洒 / 撒系统、航空遥感系统、机载吊挂系统等作业装备技术。

③ 低空交通基础设施与服务

通过构建机场设施、智能化管理系统及配套服务体系，可为低空经济活动提供必要的空间载体与运营保障，包括机场机库、数智化管理设备、低空飞行的辅助设施，以及相关的运营服务。

（2）辅助支撑体系

辅助支撑体系则由政府公共管理、金融保险、文化教育等要素构成，这些力量虽不直接参与低空经济核心的生产环节，却在政策引导、资金支持、人才培育等方面发挥着不可或缺的作用，是低空经济生态健康发展的重要保障。

1.1.3.2　空间维度方面

在空间维度上，低空经济主要覆盖距离地面 1000 米至 3000 米的空域，具体范围根据不同地区的地理环境、空域管理政策以及实际需求灵活界定。

当前，低空经济正处于快速发展阶段，其边界在不断突破与重塑。在技术创新驱动下，无人机性能持续提升，电动垂直起降飞行器（eVTOL）等新型装备逐步成熟，为低空交通的规模化应用奠定基础；应用场景也在不断拓展，从传统的通航作业逐步向低空旅游、智能物流、应急救援等新兴领域延伸，催生出空中观光、无人机表演等创新业态；与此同时，低空经济与新能源、人工智能、数字技术等前沿产业加速融合，通过技术协同与产业联动，发展边界持续拓展，释放出巨大的经济潜力与创新活力。

1.2　全球浪潮：低空经济的崛起与发展

1.2.1　低空经济的崛起历程

低空经济的崛起是一个随着技术进步、政策支持和市场需求变化而逐步发展的过程，主要阶段如下。

1.2.1.1　早期探索阶段（20世纪初至20世纪中叶）

在这一时期，通用航空开始兴起，主要用于一些简单的飞行活动，如航空摄影、农业喷洒等。当时的航空技术相对简单，飞行活动主要集中在特定领域，低空经济的概念尚未明确提出。但这些早期的通用航空活动为后来低空经济的发展奠定了一定的基础。

1.2.1.2　初步发展阶段（20世纪中叶至20世纪末）

随着航空技术的不断发展，小型飞机、直升机等航空器的性能得到提升，飞行服务范围也逐渐扩大。除了传统的农业、摄影服务外，旅游观光、航空护林、电力巡线等业务也得到广泛应用。同时，一些国家开始对低空领域的管理进行初步探索，制定了相关的法规和标准，为低空飞行活动提供了一定的规范和保障。

1.2.1.3　快速发展阶段（21世纪前20年）

进入 21 世纪，科技的飞速进步推动了低空经济的快速发展。无人机技术逐渐成熟，运营成本不断降低，应用范围迅速拓展，在测绘、物流、安防、影视拍摄等领域得到广泛应用。电动垂直起降飞行器（eVTOL）等新型航空器的研发也取得了重大进展，为城市空中交通带来了新的可能性。此外，各国政府也纷纷出台政策，支持通用航空和低空领域的发展，加大了对低空基础设施建设的投入，进一步促进了低空经济的繁荣。

1.2.1.4　全面崛起阶段（21世纪20年代至今）

近年来，低空经济进入全面崛起的时期。在技术上，5G、北斗导航、人工智能、物联网等先进技术与低空飞行深度融合，实现了对低空飞行器的智能化管理和精准控制。在市场需求方面，城市空中交通、低空旅游、应急救援等领域的需求不断增长，推动了低空经济产业规模的迅速扩大。同时，低空经济与新能源、数字化、互联网等产业的融合日益深入，形成了更加完整的产业链和产业生态。各国政府也进一步加强对低空经济的重视和支持，出台了一系列法律法规，为低空经济的发展创造了良好的政策环境。

1.2.2　低空经济在全球范围内的发展情况

低空经济在全球范围内呈现快速发展的态势，以下从政策法规、基础设施、产业发展、应用场景等四个方面来介绍低空经济在不同地区的发展情况。

1.2.2.1　美国

低空经济在美国的发展态势良好，处于全球领先地位。

（1）产业规模与市场份额

2024年，全球低空经济产业市场规模达2.32万亿元，北美市场占比超40%，这主要得益于美国在无人机和空中出行领域的大力发展。

（2）政策法规支持

美国近年来出台了多部政策法案及产业指南。例如，2021年到2022年间通过的《先进空中交通协调及领导力法案》，要求交通运输部建立先进的跨机构工作组，促进AAM生态系统发展。2023年5月，美国联邦航空管理局发布《城市空中交通运行概念2.0》，为未来空中出租车和其他先进的空中交通运营提供参考框架。2023年7月发布的《先进空中交通规划》，就2028年美国如何部署城市和先进空中交通服务提出高层次观点，即"Innovate 28"时间表，为产业发展指明了方向。

（3）基础设施建设

美国在基础设施方面积极建设，为低空经济发展提供支持。目前有 57 个城市 / 地区正在推进 AAM/UAM 计划，建设了包括 Lilium Florida 区域网在内的三个网络，并基于现有的基础设施，对直升机停机坪和早期的垂直起降机场等进行开发和修改。同时，eVTOL 制造商和充电公司之间达成一系列协议，在各地机场安装充电站，推进充电基础设施建设。

（4）技术发展水平

美国在无人机领域一直保持全球领先地位，截至 2024 年 8 月 8 日，共有注册无人机 785827 架，其中注册商用无人机 390027 架，注册娱乐无人机 388838 架；远程认证飞行员 406094 人。在飞行汽车和空中出租车方面，电池技术、先进的材料以及互联网与人工智能等技术提供了有力的支持，例如，Archer Aviation 与能元科技的合作，Joby Aviation 在空中出租车设计中采用增材制造技术制作的结构增材钛部件，波音公司旗下 WiskAero 推出的第六代电动空中出租车等。

（5）行业发展方面

建筑业、农业、保险业等是商用无人机应用最广泛的下游领域。空中出租车除用于短途商业旅行外，还在紧急服务与城市空中旅游等领域发挥重要作用，例如，美国联合航空与 Archer 合作，计划在芝加哥开通电动空中出租车航线，有望缩短通勤时间。

（6）企业发展情况

美国无人机公司的格局发生巨大变化，虽然目前中国大疆占据部分市场，但仍有数十家专注于商用无人机的美国公司获得成功，如 BRINC 和 Zipline 等。在飞行汽车和空中出租车领域，Joby Aviation、Archer Aviation 等公司迅速发展，获得了众多投资，Joby Aviation 计划 2025 年在美国及更多国家推出电动空中出租车服务。

1.2.2.2　英国

英国的低空经济，在物流、监测和医疗等领域取得了较为突出的成就，呈现出良好的发展态势。

（1）政策法规方面

英国政府出台了一系列政策措施促进行业发展和技术创新。例如，英国民航局选定了 6 个项目来测试无人机送货、检查及应急服务，测试项目可借助先进的技术实现视距外操控。此外，英国在适航认证方面也取得了进展，为 eVTOL 等新型航空器的商业化发展铺平了道路。

（2）基础设施方面

英国斯诺登尼亚航空航天中心开放了首个永久性垂直起降机场，用于 eVTOL 和无人机测试。

（3）技术发展方面

英国在无人机和 eVTOL 技术研发方面不断取得进步，利用先进的技术实现了无人机超视距飞行，为低空经济的发展提供了技术支撑。

（4）行业发展方面

在物流领域，英国计划打造世界上最大的"无人机高速公路"，由一条 265 公里的空中走廊，连接英格兰南部和中部的城镇和城市，用于物流配送。在监测领域，无人机被广泛应用于城市规划和建设的监测，以及对建筑物、Power Lines、Offshore Energy Facilities 等的检查。在医疗领域，无人机可用于医疗运送服务，且未来利用无人机运送紧急和医疗物资的服务预计将增加。

（5）企业发展方面

英国一些企业，在无人机物流、eVTOL 研发制造等方面积极开展业务，推动着低空经济的发展。同时，政府的资助和政策支持也吸引了更多企业参与低空经济行业中。

1.2.2.3　德国

德国的低空经济发展面临着一些挑战，但也有一定的发展潜力。

（1）政策法规方面

德国联邦数字化和交通部长在 2024 年 12 月发布了"先进空中交通"发展路线图，为德国空中出租车、无人机等低空经济产业发展提供了指导，其计划在 2026 年之前为空中出租车提供测试路线，2028 年指定有限的运行区域，然后逐步扩充，到 2032 年在全国范围内铺开。但总体而言，德国在低空经济领域的政策支持和融资渠道相对不足，与中美等国相比，政策扶持力度有待加强。而且复杂的审批流程和高昂运营成本，成为德国低空经济产业商业化过程中的关键障碍。

（2）基础设施方面

目前公开信息中对德国低空经济基础设施建设的报道相对较少，德国空中出租车等领域的基础设施建设可能还处于规划和起步阶段。不过，德国作为航空航天强国，航空基础设施的整体建设水平较高，或许能为低空经济基础设施的建设提供一定的技术和经验支持。

（3）技术发展方面

德国在航空航天领域有着雄厚的技术实力，在电动垂直起降飞行器（eVTOL）技术研发方面曾有突出表现。例如，沃洛科普特公司曾凭借多项创新技术得到国际资本青睐，在多国完成载人飞行测试。但该公司最终未及时通过欧洲航空安全局的型号认证，未获商业运营许可，因资金链断裂而申请破产。另一家 eVTOL 创业公司莉柳姆，也因资金链断裂于 2024 年底破产。这说明德国在低空经济技术商业化方面存在一些问题，在技术成熟度、资金链管理和商业模式等方面仍需完善。

（4）行业发展方面

在城市空中交通领域，空中出租车将成为未来替代私人汽车的出行方式，尤其在交通拥堵严重的大都市。德国航空航天中心与罗兰贝格咨询公司的研究，也显示了空中出租车在特定路线上的速度优势。不过，受限于成本、基础设施和运营许可等因素，空中出租车尚未实现商业化运营。在其他领域，如无人机测绘、农业、物流等行业可能会有一定发展，但缺乏相关的报道。

（5）企业发展方面

除了破产的沃洛科普特公司和莉柳姆公司，德国还有一些从事低空经济业务的企业，但整体发展均受到政策、资金和市场等因素的制约。与美国企业相比，德国低空经济的商业化进程相对滞后。

总体来说，德国低空经济虽然有一定的技术基础和发展潜力，但目前在政策支持、企业融资和商业化发展等方面存在一些困难，需要加以改善和突破，以实现低空经济的规模化发展。

1.2.2.4　日本

低空经济在日本呈现出积极发展的态势。

（1）政策法规方面

2022 年，日本经济产业省和新能源产业技术综合开发机构（NEDO）发布了《实现下一代交通方式的社会应用》，计划在 5 年内通过技术开发和实证，扩大无人机应用，力争在 2025 年大阪关西世博会上实现飞行汽车的应用和商业化。2022 年 12 月颁布了民用航空法修订版，推进无人机从"无人区目视外飞行（等级 3）"向"载人区目视外飞行（等级 4）"的验证试验。

（2）基础设施方面

日本虽然没有大规模公开报道低空经济专用基础设施的建设，但以大阪关西世博会为契机，在飞行汽车等领域可能会有相关基础设施建设的规划，以满足飞行汽车商业运营的需求。

（3）技术发展方面

日本在无人机和飞行汽车技术研发上有一定成果。例如，日本移动通信运营商 KDDI 公司和日本航空开展合作，计划将无人机远程控制、自主飞行管理系统等技术，与日航的航空运输管理经验相结合，推动开发能够实现无人机"一对多操作"的飞行控制系统。乐天集团也参与合作，开发面向"一对多"无人机的远程监控系统。

（4）行业发展方面

日本无人机在物流和检测等领域的应用逐渐扩大，飞行汽车聚焦于城市区域短距离低空领域，成为先进空中交通或都市空中交通手段。日本明确了 2025 年和 2030 年发展目标，启动先进空中交通服务，实现电动垂直起降飞行器空中出租车服务和重型货运无人机业务的全面商业化。

（5）企业发展方面

有多家企业和机构参与日本低空经济项目，除了上述的 KDDI 公司、日本航空、乐天集团外，上海峰飞航空科技于 2024 年向日本 AAM 先锋运营商交付了首架盛世龙 eVTOL，用于城市空中交通展示飞行，全力推进在 2025 年大阪世博会上实现 eVTOL 演示飞行的目标。

1.2.2.5 澳大利亚

低空经济在澳大利亚呈现出多领域发展且前景广阔的态势。

（1）政策法规方面

澳大利亚政府对通用航空和低空飞行活动有较为完善的监管体系，在确保安全的前提下，为低空经济的发展提供了一定的政策支持和发展空间。例如，对于无人机的使用，法规明确规定了飞行区域、高度限制以及操作要求等内容，既确保了空域安全，又允许在符合规定的条件下进行商业和民用活动。

（2）基础设施方面

澳大利亚拥有较为完善的通用航空基础设施，包括众多的机场和起降点。这些基础设施为直升机、小型固定翼飞机以及未来可能的电动垂直起降飞行器（eVTOL）等低空飞行器运营提供了便利条件，有助于促进低空旅游、航空运输等产业的发展。

（3）技术发展方面

在电动航空领域，FlyOnE 公司取得了显著进步。该公司致力于使用可再生能源驱动的现代、高效、低成本飞机，在澳大利亚建立了 5 个机场充电节点，进行了超过 1100 小时的电动飞行员培训，有 70 多架下一代飞机计划投入澳大利亚空域。此外，天马飞行汽车公司总部位于澳大利亚，其设计生产的飞行汽车"Air-Ferrari"和 Air-Taxi，是全球唯一实现无须跑道、垂直起飞降落、能飞能跑的飞行汽车产品，已具备商业运营的条件。

（4）行业发展方面

澳大利亚民用直升机保有量约 2300 架，广泛应用于工业、商业和旅游业等领域。在旅游观光方面，悉尼等地的直升机旅游项目收益可观，例如，20 分钟的悉尼港湾区直升机观光游价格为每人 240 澳元，90 分钟蓝山远途游 2 名乘客的价格达 2300 澳元。在医疗救援领域，直升机频繁往来于主要城市，为患者提供紧急医疗服务，尽管各州对急救直升机使用费用的规定不同，但提供服务的公司收益良好。

（5）企业发展方面

除了 FlyOnE 公司和天马飞行汽车公司，澳大利亚还有一些企业投入到低空经济的相关领域中。例如，一些从事航空旅游、航空运输、航空维修等业务的企业，为低空经济的发展提供了多元化的支持。这些企业在市场竞争中不断创新和发展，推动低空经济产业逐步壮大。

1.2.2.6　新加坡

低空经济在新加坡呈现出快速发展的态势。

（1）政策法规方面

2025 年 2 月 14 日，新加坡民航局实行无人机管理新规，取消个人与企业250 克以上无人机的注册限制，将工作日商用无人机飞行高度从 200 英尺（1 英尺＝ 0.3048 米）提升至 400 英尺，覆盖 80% 的城市作业场景，同时将空域许可审批从 5 天压缩至 3 天，并实现全流程数字化。

（2）基础设施方面

2024 年 12 月，新加坡民航局启动 UTMS 全球招标，打造一站式无人机管控平台，预计到 2030 年可支撑日均 10 万架次无人机飞行，为城市空中交通规模化发展奠定了基础。另外，此前德国城市空中出行公司（Volocopter）在新加坡滨海湾成功完成亚洲的首次载人 eVTOL 飞行，并展示了其配套的起降基础设施Voloport。

（3）技术发展方面

新加坡依托全球首个中央飞行管理系统（CFMS）和即将强制实施的"数字车牌"B-RID 技术，在保障航空安全的同时，为低空经济发展提供技术支持。并且通过支持空中客车 Skyways 项目和 ST 工程的无人机网络解决方案等商业试点项目，在新加坡国立大学等关键区域测试无人机在快递和紧急服务等方面的实际应用，推动技术创新和市场发展。

（4）行业发展方面

2024 年 2 月，新加坡 DroneDash 与马来西亚 Aerodyne 合作推出东南亚首条跨境无人机航线，可载重 30 公斤，时速 150 公里，4 小时直达，用于紧急医疗配送、高端物流和电商"最后一公里"等服务。

（5）企业发展方面

新加坡拥有超过 130 家航空创新企业，跻身全球领先梯队。经济发展局设立了"无人机创新基金"，对技术研发与试点项目最高补贴 50%，吸引了众多企业参与低空经济项目，加速了新加坡低空经济的产业集聚和创新发展。

1.2.2.7　加拿大

（1）政策法规方面

加拿大政府重视低空经济发展，出台了一系列支持政策，例如，简化无人机飞行许可程序，为相关企业和从业者提供便利；提供财政补贴，扶持低空经济项目研发、基础设施建设，促进产业发展。

（2）基础设施方面

加拿大拥有较为完善的通用航空基础设施，包括众多的机场和起降点，为直升机、小型固定翼飞机等低空飞行器运营提供了保障。同时，随着低空经济的发展，相关企业和机构也在不断完善配套设施，如建设无人机专用起降场地、充电设施等。

（3）技术发展方面

加拿大在电动航空领域有一定进展，一些企业和研究机构致力于电动飞行器的研发和应用。例如，相关实验室进行电动航空相关研究，提高电动飞行器的性能、续航能力和安全性。此外，在无人机技术、航空电子设备、飞行控制系统等方面也不断进步，提升了低空飞行器的智能化水平和飞行效率。

（4）行业发展方面

加拿大的低空经济市场应用广泛，无人机在农业、物流配送、航空摄影、城市交通等场景中发挥着重要作用，此外，空中旅游项目也备受关注。

（5）企业发展方面

有多家企业参与低空经济的发展。例如，万丰集团旗下的加拿大钻石飞机公司，在飞机制造领域发展迅速，创造了众多就业岗位，每年生产一定数量的飞机，订单已排到 2026 年，还计划引进 DA50、纯电动飞机等新机型。此外，还有一些专注于无人机制造、航空摄影服务、空中交通管理系统研发的企业，共同推动着加拿大低空经济的发展。

1.2.2.8　阿联酋

阿联酋的低空经济发展迅速，在政策支持、基础设施建设、技术发展、行业发展和企业发展等方面均取得了显著成果。

（1）政策支持

阿联酋政府将低空经济视为经济转型的重要方向。阿联酋民航总局（GCAA）正在绘制空中走廊地图，并制定飞行出租车和货运无人机的监管框架。迪拜是全球首个颁发 eVTOL（电动垂直起降飞行器）商用牌照的城市，计划在2026 年推出空中出租车服务。

（2）基础设施建设

迪拜启动了"迪拜地平线"计划：确定低空航线和无人机着陆点，并在迪拜国际机场、朱美拉棕榈岛酒店、迪拜市中心和迪拜码头建立四座垂直起降机场。

阿布扎比也宣布在多个地点建造垂直起降机场。2024 年 4 月，阿联酋民航总局批准阿布扎比启动该国首个专为电动垂直起降飞机设计的微型机场项目，预计 2026 年投入运营。

（3）技术发展

阿联酋积极引入先进的低空飞行技术，尤其是在 eVTOL 领域。2024 年 5 月，中国企业自主研发的 eVTOL EH216-S 在阿联酋首都阿布扎比成功完成了首次载人飞行演示。同时，由中国某科技企业打造的 2 吨级 eVTOL 也在阿联酋完成了首飞，这是公开显示的全球首个在中东地区完成吨级以上 eVTOL 长距离飞行的案例。此外，美国 eVTOL 企业 Joby 公司也与迪拜政府签署最终协议，开始在阿联酋开展空中出租车业务。

（4）行业发展

低空经济在阿联酋的应用场景不断拓展，包括城市空中交通、跨境物流、旅游观光、应急救援等领域。例如，迪拜计划通过 eVTOL 提供"空中出租车"服务，缩短城市通勤时间。无人机在物流、石油管线巡检等领域的应用也日益广泛。

（5）企业发展

阿联酋通过设立低空经济基金和吸引国际企业设立区域总部，推动低空经济的全球化布局。中国企业已与阿联酋本地公司建立合作伙伴关系，共同开展生产制造和飞行运营。例如，亿航智能加入了阿布扎比"智能和自动化交通产业（SAVI）集群"，并与物流科技公司 Wings Logistics Hub 达成长期战略合作伙伴关系，旨在将亿航智能无人驾驶 eVTOL 引入阿联酋。

总体而言，全球低空经济发展呈现出政策支持力度不断加大、技术创新持续推进、应用场景日益丰富、产业生态逐渐完善的特点，未来有望为全球经济增长提供新的动力和机遇。

1.2.3 低空经济在中国的发展现状与趋势

1.2.3.1 低空经济在中国的发展现状

近年来，中国低空经济发展势头迅猛，在图 1-4 所示的各个方面均取得显著成效，成为推动经济高质量发展的新动能。

图 1-4　低空经济在中国的发展现状

（1）政策支持力度大

自 2021 年"低空经济"概念首次写入国家规划，这一新兴经济形态便迎来政策利好的"东风"。2023 年，中央经济工作会议将其列入战略性新兴产业，明确了低空经济在国家经济发展战略中的重要地位，为产业发展指明了方向；2024年，"低空经济"更是被写入政府工作报告，进一步凸显了其在国家经济布局中的关键作用。

在国家政策的引领下，各地方政府积极响应，纷纷出台配套政策和实施方案。湖南成为全国首个低空空域管理改革试点省份，率先在低空空域开放、飞行审批流程简化等方面进行探索，为全国低空空域管理改革提供了"湖南经验"。深圳作为创新之都，发布了一系列低空经济发展的实施方案和支持措施，对资金扶持、产业规划及应用场景拓展等多方面给予支持，并制定了全国首部低空经济条例，为低空经济发展提供了完备的法治保障。据不完全统计，目前已有近 30个省份将发展低空经济写入政府工作报告或出台相关政策，形成了从中央到地方的政策支持体系，为低空经济发展营造了良好的政策环境。

（2）产业规模增长快

近年来，中国低空经济呈现爆发式增长态势。2023 年，中国低空经济规模达到 5059.5 亿元，增速高达 33.8%，远超许多传统产业的增长速度。这得益于多方面因素：一方面，市场需求不断释放，如物流配送、应急救援、旅游观光等领域对低空服务的需求日益增长；另一方面，技术进步降低了产业发展成本，提高了服务效率，进一步刺激了市场需求。同时，政策的大力支持也吸引了大量社会资本投入，推动了产业规模的迅速扩大。随着技术的不断创新和应用场景的持续拓展，低空经济有望保持增长势头，成为国民经济增长的重要引擎。

（3）产业链已初步形成

中国低空经济已初步构建起涵盖上、中、下游的完整产业链，各环节协同发展，展现出强劲的产业活力与发展潜力。

① 产业链上游

产业链上游聚焦关键领域，是产业发展的根基。在核心原材料供应方面，高性能碳纤维、芳纶纤维等先进复合材料不断突破，为航空器减重增效提供支撑；特种合金材料保障了飞行器关键部件的强度与耐高温性能。同时，高精度导航芯片、高算力飞行控制芯片等核心元器件的研发与生产也逐步实现国产化，降低了对进口的依赖。此外，上游还包括航空发动机、电机等动力系统的研发与制造，众多科研机构与企业加大研发投入，推动动力系统向高效、节能、环保方向发展，为中游航空器制造筑牢技术底座。

② 产业链中游

产业链中游是核心制造环节，目前企业云集，技术创新活跃。

在无人机制造领域，大疆占据全球消费级无人机市场的主导地位，其产品凭借出色的影像拍摄、智能飞行功能，畅销全球；纵横股份深耕工业级无人机，在测绘、巡检等专业领域发挥重要作用；亿航智能专注于智能载人飞行器研发，其自动驾驶飞行器为城市空中交通提供新方案。

在传统航空器制造方面，北大荒通用航空、中信海直等企业凭借多年积累的经验，在直升机运营、航空作业等领域成绩斐然；航发动力、中航机电等航空部件制造企业，则为各类航空器提供发动机、航电系统等关键零部件，确保中游整机制造顺利进行。

③ 产业链下游

产业链下游侧重应用拓展与服务保障，是产业价值的最终体现。在应用场景层面，低空经济深度融入生产生活各领域。在物流行业，无人机配送在偏远地区、紧急物资运输方面优势明显；在农业领域，无人机植保、播种大幅提升作业效率；在文旅行业，低空观光、无人机表演丰富了旅游体验。同时，下游还包括飞行审批、空域管控等服务环节，随着低空经济发展，相关部门不断优化审批流程，利用信息化手段实现高效管理，提升空域使用效率。此外，维修保养、人员培训等配套服务也逐步完善，为低空经济持续稳定发展保驾护航。

（4）技术发展有优势

中国在无人机、人工智能、先进通信和材料等关键领域取得了长足进步，为低空经济发展提供了坚实的技术支撑，让低空经济发展的羽翼愈发丰满。

① 无人机技术

在无人机技术领域，我国已实现从跟跑到领跑的跨越，不仅掌握了无人机动力系统、飞控系统、导航定位等核心技术，还在智能化、集群化应用上走在世界前列。大疆作为全球消费级无人机的领军企业，凭借自主研发的飞行控制系统和高清影像传输技术，拥有全球约70%的消费级无人机市场份额；极飞科技专注于农业无人机研发，其推出的植保无人机搭载智能变量喷洒系统，可根据作物长势精准作业，农药使用量减少30%~50%，大幅提升了农业生产效率与质量。同时，无人机集群技术也取得重大突破，千架无人机编队表演已成为大型活动的亮点，在精准协同飞行控制、抗干扰能力等方面达到国际领先水平。

② 人工智能技术

人工智能技术为低空经济装上了"智慧大脑"。在飞行器自主决策方面，通过深度算法，无人机能够快速识别复杂环境中的障碍物，自动规划最优飞行路径。

例如，在应急救援场景中，搭载人工智能算法的无人机可迅速分析灾区地形、建筑物损毁情况，为救援队伍提供准确信息，辅助其制定救援方案。

此外，人工智能还应用于低空交通管理中，通过对海量飞行数据的实时分析与预测，实现对低空飞行器的智能调度，有效避免空中交通拥堵，提升空域使用效率。在图像识别领域，人工智能技术能够精准识别农作物病虫害、电力线路故障等问题，助力相关行业实现智能化监测与管理。

③ 先进通信技术

先进通信技术搭建起低空经济的"信息桥梁"。5G技术的商用为低空通信带来了质的飞跃，其超高速率、超低时延特性，实现了对低空飞行器的实时远程控制和高清视频数据的稳定传输。在城市空中交通场景中，5G网络可保障飞行器与地面控制中心、飞行器之间的信息无缝交互，确保飞行安全与高效运行。北斗卫星导航系统的不断完善，也为低空经济提供了高精度、高可靠的定位服务，其定位精度可达厘米级，即使在复杂地形和恶劣天气条件下，也能为飞行器提供精准导航，使无人机物流配送、空中巡检等应用更加可靠。此外，自组网通信技术在低空领域的应用，可在无网络覆盖区域快速构建临时通信网络，满足应急救援等特殊场景的通信需求。

④ 材料技术创新

材料技术的创新为低空经济发展提供了"硬核"保障。高性能复合材料在航空器制造中得到广泛应用，碳纤维复合材料凭借高强度、低密度特性，使飞行器在减轻重量的同时能提升结构强度、降低能耗并增加续航里程。

例如，部分新型无人机采用碳纤维复合材料后，重量减轻了30%，续航时间延长了40%。

新型合金材料的研发也取得较大进展，钛合金、镁合金等材料在航空发动机、飞行器框架等部件中广泛应用，提高了飞行器的耐高温、耐腐蚀性能，保障其在复杂环境下稳定运行。同时，纳米材料、智能材料等前沿材料的研究也在不断推进，未来其有望为低空经济带来更多创新应用，例如，具有自修复功能的飞行器外壳材料，将进一步提升航空器的安全性与可靠性。

《中国低空经济发展研究报告（2024）》显示，我国低空经济发明专利申请量从2014年的852件快速增加到2023年的14134件，充分体现了我国在低空经济技术创新方面的强大实力和蓬勃活力。

（5）应用场景逐步拓展

当前，中国低空经济的应用场景不断丰富和拓展，按照用途可分为生产作业、交通运输、文旅体验、安防安保四大领域，如图1-5所示。

在生产作业领域，低空经济广泛应用于公共服务、应急保障、科学探测、商业生产等方面。例如，在农业生产中，无人机植保、播种技术已得到大规模应用，提高了农业生产效率和精准度；在应急救援领域，无人机可快速抵达灾害现场，进行灾情侦察、物资投送等工作，为救援争取宝贵时间

在交通运输领域，低空经济致力于重构三维立体交通网络。除了传统的通用航空运输，无人机物流配送正逐步从概念走向现实，一些企业已在部分地区开展常态化无人机快递配送服务

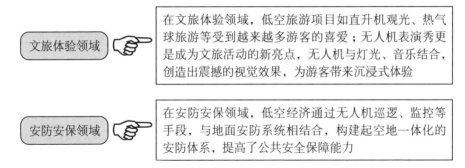

图 1-5　中国低空经济的应用场景

1.2.3.2　低空经济在中国的发展趋势

低空经济在中国的发展前景广阔，呈现出多维度的强劲趋势（如图 1-6 所示），将成为推动经济高质量发展的重要引擎。

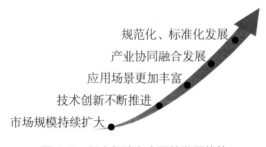

图 1-6　低空经济在中国的发展趋势

（1）市场规模持续扩大

中国民航局的预测数据为低空经济市场勾勒出一幅宏伟蓝图。到 2025 年，我国低空经济的市场规模预计达到 1.5 万亿元，这不仅体现了低空经济当前快速发展的态势，更预示着其在短期内的蓬勃生机。众多资本已敏锐捕捉到其中的机遇，纷纷涌入低空经济领域，从无人机制造、低空物流初创融资热潮，到航空基础设施建设项目的巨额投资，都为市场规模的扩大注入强大动力。

展望 2035 年，低空经济的市场规模有望攀升至 3.5 万亿元，这是我国经济结构转型升级的迫切需求，也是低空经济自身不断拓展的应用边界和日益增长的社会需求共同作用的结果。随着技术的成熟和产业生态的完善，低空经济将释放更大的市场潜力，成为国民经济新的增长点。

（2）技术创新不断推进

未来，物联网、云计算、人工智能等前沿技术将深度融入低空经济领域，成为推动行业变革的核心力量。通信感知一体化低空智联网的布局，将实现对低空环境的全面感知与数据实时交互，让低空飞行器能够及时获取周围的空域信息、气象变化等资料，从而做出精准决策。低空新航行系统的开发，将改变传统的航空飞行模式，提高低空飞行的效率和灵活性。低空经济在具体技术领域的表现如图1-7所示。

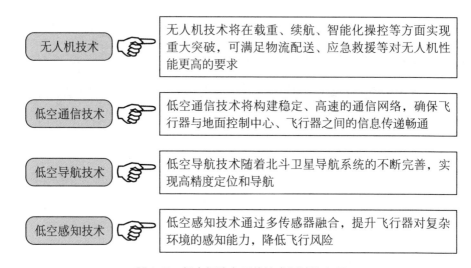

图1-7　低空经济在具体技术领域的表现

这些技术的协同发展，将大幅提升低空经济的运行效率和安全性，为行业的规模化发展奠定坚实基础。

（3）应用场景更加丰富

低空经济的应用领域将迎来全方位拓展。在城市空中交通方面，电动垂直起降飞行器（eVTOL）将逐步从研发走向商业化运营，以缓解地面交通拥堵，构建立体交通网络，实现城市内快速通勤和城市间短途运输；在低空物流领域，无人机配送将向更大规模、更复杂场景发展，在生鲜冷链运输、医药紧急配送等细分领域发挥重要作用；全空间无人体系将整合空中、地面、地下的无人设备，形成协同作业网络，应用于智慧城市管理、环境监测、灾害预警等领域。

此外，随着技术的创新和人们需求的变化，低空经济还可能催生出空中广告、低空教育、空中赛事等全新的应用场景和商业模式，为人们的生活和社会的发展带来更多可能性。

（4）产业协同融合发展

低空经济将与新能源、人工智能、数字化和互联网等产业与技术深度融合，同时与传统产业协同发展，构建起更加完整、高效的产业生态，如图1-8所示。

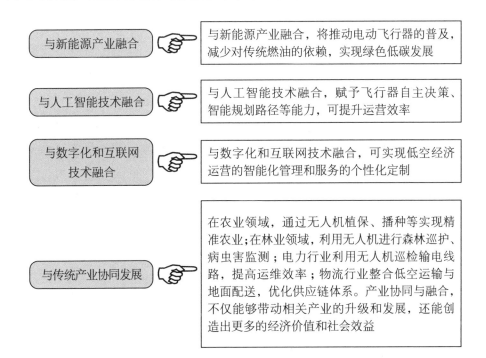

图1-8　产业协同融合发展

（5）规范化、标准化发展

随着低空经济的快速发展，相关的政策法规和标准规范不断完善。政府部门将根据行业发展需求，出台更具针对性和可操作性的政策，以优化空域管理体制，合理划分低空飞行区域，提高空域资源的利用率。同时，简化飞行计划审批流程，通过信息化手段实现快速审批，降低企业运营成本，激发市场活力。在安全监管方面，政府将建立健全覆盖低空经济全链条的安全监管体系，加强对飞行器制造、飞行运营、人员资质等方面的监管，确保低空经济安全、有序发展。

规范化、标准化发展可为低空经济营造良好的发展环境，吸引更多社会资源的投入，促进产业健康可持续发展。

章后小结

本章从定义范畴和全球发展等角度对低空经济进行了深入剖析，具体如下。

定义与范畴：明确了低空经济的概念，即围绕低空领域开展的各类经济活动，主要特征包括，产业融合度高，与科技、旅游等多行业相互渗透；技术依赖性强，需要先进的航空技术、通信技术等作为支撑；应用场景丰富多样，涵盖无人机物流配送、低空旅游、飞行培训等多个领域。清晰界定了低空经济的范畴，有助于把握该领域的业务边界和发展方向。

全球浪潮：回顾了低空经济的崛起历程，从早期的初步探索到如今的快速发展，低空经济已成为经济发展的新兴力量。在全球范围内，不同国家和地区依据自身的资源禀赋、技术优势和市场需求，形成了各具特色的发展模式，部分发达国家在高端航空制造和飞行服务领域占据领先地位。而在中国，低空经济近年来呈现蓬勃发展的态势，政策支持力度不断加大，市场规模持续扩大，技术创新能力逐步提升。未来，低空经济有望在产业升级、科技创新、民生改善等方面发挥更大作用。同时也面临着技术突破、安全监管等方面的挑战。

第❷章
政策助力：低空之门全面开启

 学习目标

1. 知识掌握目标

（1）系统梳理低空经济政策演变的历程，精准把握各阶段政策调整的背景、核心内容及重要意义，构建完整的政策发展时间线。

（2）全面掌握国家层面与低空经济相关的政策法规，明确其对行业发展的宏观指导、支持措施与监管要求；同时熟悉地方层面政策法规的特点与差异，知道其如何结合区域实际情况推动低空经济发展。

（3）深入学习低空经济准入机制现存的问题，包括审批流程复杂、标准不统一、跨部门协调困难等表现，清晰认识这些问题对行业发展的阻碍作用。

2. 能力培养目标

（1）提升对政策的分析与解读能力，能够从政策中提炼关键信息，运用专业知识对政策法规进行深度剖析，判断其对低空经济各领域的影响。

（2）培养问题解决能力，针对低空经济准入机制存在的问题，学会运用创新思维，提出具有可行性和针对性的优化路径，推动准入机制不断完善。

（3）增强知识整合能力，将政策演变、国家与地方政策法规、准入机制等知识融会贯通，形成系统的认知体系，厘清各知识点间的逻辑关系。

3. 实践应用目标

（1）在实际工作或研究中，能够依据所学知识，准确判断低空经济项目是否符合政策导向，并为项目规划、投资决策等提供政策依据。

（2）积极参与低空经济相关政策的研究与制定工作，将准入机制的创新路径应用于实践，完善低空经济政策体系，推动行业健康、有序发展。

2.1　政策演变：历程梳理与深度解读

低空经济相关的政策与法规正在不断完善和优化，为行业的快速发展提供了有力的支持和保障。

2.1.1　历程梳理

低空经济政策的演变是一个逐步推进、不断完善的过程，具体如下。

2.1.1.1　概念提出与初步规划

2021 年 2 月，《国家综合立体交通网规划纲要》印发，提出了发展交通运输平台经济、枢纽经济、通道经济、低空经济，"低空经济"的概念首次写入国家规划，这为低空经济的发展提供了政策导向。

2.1.1.2　产业规范与发展推进

2023 年 12 月，中央经济工作会议将低空经济列入战略性新兴产业。

2024 年 1 月 1 日，《无人驾驶航空器飞行管理暂行条例》正式施行，从生产制造、登记注册、运行管理等全生命周期对无人机飞行活动进行了规范，为无人机产业的规范化发展提供了有力支撑。

2.1.1.3　全面支持与加速落地

2024 年，"低空经济"被写入我国《政府工作报告》，确定了低空经济在国家经济发展中的重要地位。2024 年 12 月，国家发展改革委低空经济发展司正式亮相，负责拟订并组织实施低空经济发展战略、中长期发展规划。

2024 年，工业和信息化部等四部门联合印发《通用航空装备创新应用实施方案（2024～2030 年）》，计划到 2030 年推动低空经济形成万亿级市场规模，并从多个领域提出 20 项具体任务，为低空经济的发展提供了具体的行动指南。

2025 年，《中华人民共和国民用航空法（修订草案）》提请审议，首次将"低空经济"发展写入法律体系。同时，2025 年政府工作报告首次将低空经济纳入新质生产力培育范畴，要求开展新技术新产品新场景大规模应用示范行动，标志着低空经济从"培育试点"迈向"规模化落地"阶段。

2.1.2 国家层面政策法规

2.1.2.1 《中华人民共和国民用航空法（修订草案）》

《中华人民共和国民用航空法（修订草案）》于2025年2月提请审议，这不仅是我国航空法律体系与时俱进的重要体现，更是低空经济发展进程中的关键里程碑。此次修订首次将"低空经济"发展写入法律体系，这意味着低空经济正式从政策规划层面上升至国家法律层面，为今后规范化、可持续发展筑牢了根基。

《中华人民共和国民用航空法（修订草案）》的相关条款主要聚焦在图2-1所示的六个方面。

图2-1 《中华人民共和国民用航空法（修订草案）》聚焦点

（1）明确空域管理框架

随着低空经济的快速发展，低空飞行器的数量日益增多，对空域资源的需求愈发强烈。修订草案着力优化空域结构，科学划分管制空域、监视空域和报告空域，进一步明确不同类型空域的适用范围、使用规则和管理权限。通过建立灵活高效的空域动态调整机制，打破空域使用的固定模式，根据不同时段、不同区域的实际需求，合理分配空域资源，提高空域资源的使用效率，为各类低空飞行器安全、有序飞行创造良好条件，有效解决了当前空域资源紧张与低空经济发展需求之间的矛盾。

（2）推动通用航空发展

推动通用航空发展是修订草案的重要着力点。通用航空作为低空经济的核心组成部分，在促进区域经济发展、提供公共服务、推动产业升级等方面具有重要作用。修订草案从降低准入门槛、简化审批流程、完善扶持政策等多个维度入手，鼓励社会资本参与通用航空产业发展。在基础设施建设上，加大对通用机场、飞行服务站等设施的投入和建设力度，构建覆盖广泛、功能完善的通用航空基础设施网络。同时，通过税收优惠、财政补贴等政策措施，支持通用航空企业开展业务创新，拓展短途运输、航空旅游、飞行培训等多样化服务，推动通用航空产业向规模化、市场化发展，提升我国通用航空产业的整体竞争力。

（3）规范无人机应用

规范无人机应用是修订草案顺应时代发展的必然要求。近年来，无人机行业发展迅猛，在物流配送、地理测绘、环境监测、影视拍摄等领域得到广泛应用，但同时也产生了一系列安全和管理问题。修订草案对无人机的生产、销售、登记注册、飞行管理等全流程进行严格规范，建立健全无人机产品标准和质量认证体系，确保无人机产品符合安全技术要求；完善无人机实名登记制度，实现无人机全生命周期可追溯管理；制定无人机飞行规则，明确禁飞区域、限飞高度和飞行时段等要求，加强对无人机飞行活动的监管，严厉打击违规飞行行为，以保障公共安全和航空秩序，促进无人机行业健康有序发展。

（4）强化低空安全保障

强化低空安全保障是低空经济发展的重要前提。低空经济的发展涉及众多领域和复杂的运行环境，安全风险不容忽视。修订草案要求建立全方位、多层次的低空安全保障体系（如图2-2所示），加强对低空飞行器的安全监管。

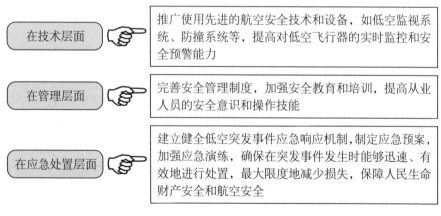

图2-2　低空飞行器的安全保障体系

（5）优化监管机制

优化监管机制是保障低空经济健康发展的关键环节。当前，低空经济的发展涉及多个部门，存在职责交叉、协同不足等问题。修订草案着力构建统一、高效的低空经济监管体系，明确各部门的监管职责和分工，加强部门间的协同合作与信息共享；建立健全联合执法机制，形成监管合力，提高监管效率和效果。同时，推进监管方式创新，充分利用大数据、人工智能等技术手段，实现对低空经济活动的智能化、精准化监管，及时发现和解决监管过程中存在的问题，营造良好的市场环境，促进低空经济产业健康有序发展。

（6）促进国际标准对接

促进国际标准对接是我国低空经济产业走向世界的重要保障。随着全球经济一体化的深入发展，低空经济产业的国际合作日益频繁。修订草案积极推动我国民用航空标准与国际标准接轨，加强与国际民航组织及其他国家和地区的交流与合作。在技术标准、安全标准、服务标准等方面，借鉴国际先进经验和做法，结合我国实际情况，制定与国际标准相兼容的国家标准，提高我国低空经济产业的国际认可度和竞争力。鼓励我国企业参与国际标准制定，在国际舞台上发出中国声音，提升我国在全球低空经济领域的话语权和影响力，推动我国低空经济产业更好地融入全球市场，实现国际化发展。

2.1.2.2　《国家空域基础分类方法》

《国家空域基础分类方法》于 2023 年 12 月由中央空中交通管理委员会（简称国家空管委）组织制定，这是我国空域管理体系的重大革新，对低空经济发展具有里程碑式的意义。它打破了以往空域管理相对固化的格局，从顶层设计层面重新梳理和规划空域资源，为蓬勃发展的低空经济产业注入了新动能。

在现代低空经济快速崛起的背景下，电动垂直起降飞行器（eVTOL）、轻小型无人机、通用航空等发展迅猛，传统空域分类已难以满足多样化的运行需求。《国家空域基础分类方法》新增了真高 300 米以下的 G 类空域和真高 120 米以下的 W 类空域，是顺应产业发展趋势的关键举措。

（1）G 类空域

G 类空域作为新增的重要空域，覆盖真高 300 米以下的范围，具有管理相对宽松的特点。对于 eVTOL 而言，在这一高度范围既能避开繁忙的高空航线，又能充分发挥其垂直起降、灵活机动的优势，为商业化运营开辟了广阔空间。

例如，在城市空中交通场景中，eVTOL 可在 G 类空域内规划通勤航线，实现城市间、城市内部的点对点快速运输，有效缓解地面交通拥堵问题；在通用航空领域，小型固定翼飞机和直升机也可借助 G 类空域开展短途运输、观光旅游等业务，降低运营成本，提高服务效率。同时，G 类空域的划定还为航空物流企业使用中大型无人机进行货物运输提供了合法合规的飞行空间，并为构建高效的空中物流网络注入动力。

（2）W 类空域

真高 120 米以下的 W 类空域主要面向轻小型无人机应用场景。随着无人机技术的不断进步，其在社会各领域的应用日益广泛，从农业植保、电力巡检、安防监控到快递配送、文化娱乐等，几乎无处不在。W 类空域的设立，为这些轻小型无人机提供了专属的"飞行走廊"，如图 2-3 所示。

农业领域	城市管理中	电商物流行业
无人机可在 W 类空域内按照设定航线进行喷洒农药、施肥等作业	用于日常巡逻、环境监测的无人机能够在此空域安全稳定地执行任务	小型配送无人机可以在低空完成"最后一公里"的货物投递，大大提升了物流效率

图 2-3 轻小型无人机专属的"飞行走廊"

此外，W 类空域的划分还能有效避免无人机与其他航空器之间的冲突，明确的空域界限和管理规则，保障了飞行安全，可促进无人机产业规范有序发展。

2.1.2.3 《通用航空装备创新应用实施方案（2024～2030年）》

《通用航空装备创新应用实施方案（2024～2030 年）》作为我国低空经济发展的重要纲领性文件，明确提出了"到 2030 年推动低空经济形成万亿级市场规模"的宏伟目标。这一目标的设定，不仅彰显了国家对低空经济产业发展的高度重视和坚定决心，更向全社会释放出积极的信号：低空经济已被提升至国家战略新兴产业的重要位置，将成为未来国民经济增长的关键引擎之一。

方案聚焦电动垂直起降飞行器（eVTOL）、无人机等低空经济关键领域，以系统化、前瞻性的视角，从技术研发、产业培育、市场应用、基础设施建设等多个维度提出 20 项具体任务，为低空经济产业的高质量发展绘制了清晰的蓝图。

（1）在技术研发层面

在技术研发层面，方案将鼓励企业加大研发投入作为核心驱动力，旨在攻克一系列制约低空经济发展的核心技术。针对 eVTOL，聚焦高效电动推进系统、轻量化高强度材料、智能飞行控制系统等方面的技术突破，以提升其续航能力、安全性和可靠性；对于无人机，着力解决长航时电池技术、复杂环境下的精准定位与避障技术、超视距通信技术等难题。方案通过设立专项研发基金、税收优惠、产学研合作等政策措施，引导企业、高校和科研机构形成创新合力，提升我国低空经济装备的自主创新能力，摆脱对国外技术的依赖，增强国际竞争力。

（2）在产业培育方面

在产业培育方面，方案致力于构建完善的低空经济产业生态体系，具体包括两个方面，如图 2-4 所示。

加强产业链上下游协同合作	着力打造具有国际影响力的低空经济产业集群
推动主机制造商、零部件供应商、软件开发商、服务提供商等各类市场主体深度融合，通过建立产业联盟、举办行业展会、开展技术交流活动等方式，促进信息共享、资源整合和技术协同创新，形成产业发展的强大合力	依托国内航空产业基础较好的地区，如长三角、珠三角、京津冀等地，建设集研发设计、生产制造、运营服务、教育培训于一体的综合性产业园区

图 2-4　低空经济产业生态体系的构建

方案通过政策引导、资金扶持、人才引进等措施，吸引国内外优质企业和创新资源集聚，形成产业规模效应和品牌效应，从而提升我国低空经济产业在全球产业链中的地位。

（3）在市场应用方面

在市场应用方面，方案积极探索低空经济与多产业融合发展的新模式，全方位拓展应用场景，如图 2-5 所示。

在交通出行方面	大力推广 eVTOL 成为城市空中交通的新型工具，规划城市间和城市内部的空中通勤航线，缓解地面交通拥堵
在物流配送领域	支持无人机开展快递、生鲜配送等业务，尤其是在偏远地区和交通不便的区域，以实现快速、高效的货物投递

图 2-5

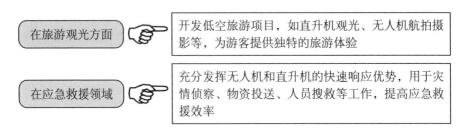

图 2-5　全方位拓展应用场景

方案通过推动低空经济与其他产业的深度融合，不断挖掘市场潜力，培育新的消费热点和经济增长点。

（4）在基础设施建设方面

在基础设施建设方面，方案将加快建设低空飞行服务站、起降场地等配套设施作为重要保障，如图 2-6 所示。

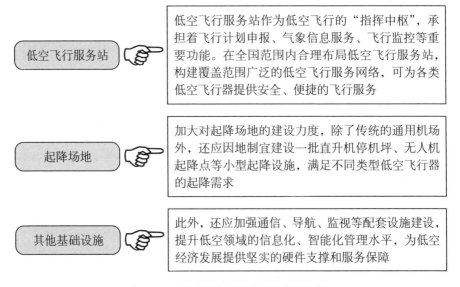

图 2-6　基础设施建设方面的重要保障

2.1.2.4　《关于优化完善地方政府专项债券管理机制的意见》

2024 年 12 月印发的《关于优化完善地方政府专项债券管理机制的意见》，是推动低空经济等新兴产业发展的政策突破。在低空经济蓬勃发展的背景下，基础设施建设长期陷入资金困境，通用机场建设需要高额的前期投入，飞行服务保障系统的数字化升级缺乏持续资金支持，通信导航等配套设施的建设也因资金不足而进展缓慢，这些问题严重制约了低空经济产业的规模化发展。

该意见的出台，从制度层面开辟了全新的融资路径，明确将地方政府专项债券纳入低空经济基础设施项目的资本金范畴。专项债券的注入，不仅为低空经济基础设施建设提供了稳定且低成本的资金来源，还能通过政府资金的杠杆效应引入银行贷款、社会资本等多元化资金。

以通用机场建设为例，专项债券作为项目资本金，可降低项目融资门槛，缓解企业资金压力；在飞行服务保障设施建设中，稳定的资金支持能够加快低空数字化服务平台的搭建，提升飞行服务保障能力；通信导航设施建设也会因资金充裕而快速推进。

这种多维度的资金支持体系，将有力推动低空经济基础设施建设，加速产业生态的完善，为低空经济的高质量发展筑牢根基。

2.1.2.5　《提振消费专项行动方案》

《提振消费专项行动方案》提出：加快完善低空经济监管体系，有序发展低空旅游、航空运动、消费级无人机等低空消费，支持低空经济探索物流与旅游项目。它将低空经济消费置于提振内需、促进经济高质量发展的重要战略位置，以系统性政策规划为低空经济消费市场的繁荣发展注入强劲动力。

（1）在制度建设层面

在制度建设层面，方案明确提出加快完善低空经济监管体系，着力构建覆盖全产业链、全消费场景的制度框架。这不仅包括细化低空飞行器适航标准、飞行空域管理细则，还涉及消费安全规范、服务质量标准等多方面内容。通过建立统一协调的监管机制，打破部门间的信息壁垒与管理藩篱，形成跨部门协同治理的格局，可有效防范行业风险，为低空经济消费市场的健康发展筑牢制度基石，确保市场在有序、规范的轨道上运行。

（2）在消费业态拓展方面

在消费业态拓展方面，方案以满足人民群众日益增长的生活需求为出发点，大力推动低空旅游、航空运动、消费级无人机等多元化低空消费业态（如图2-7所示）的有序发展。

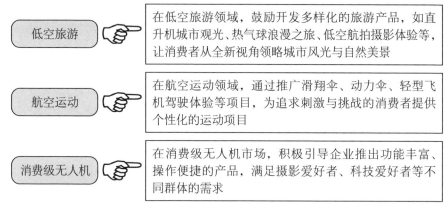

图 2-7 多元化低空消费业态

方案通过不断丰富消费产品和服务供给，精准对接消费者的多样化、个性化需求，全面提升低空经济消费的吸引力与竞争力。

（3）注重低空经济与现代服务业的融合创新

方案注重低空经济与现代服务业的融合创新，全力支持低空经济探索物流与旅游项目。

在物流领域，推动无人机配送在电商、生鲜等行业的应用，实现货物的高效、精准投递，提升物流效率与服务质量；在旅游领域，打造"空中游览＋地面体验"的一体化旅游模式，例如，推出空中观光与特色民宿、乡村旅游相结合的产品，拓展旅游产业链条，创造新的消费热点与经济增长点。这种产业融合发展模式，不仅能够促进低空经济产业的转型升级，还能带动相关服务业协同发展，实现产业间的互利共赢。

（4）设定推动低空经济相关企业的数量目标

此外，方案设定了"推动低空经济相关企业突破 7.5 万家"的具体目标，通过一系列政策组合拳，激发市场主体活力，一方面，加大政策扶持力度，在税收优惠、财政补贴、土地供应等方面给予倾斜，降低企业的运营成本；另一方面，加强市场培育，举办行业展会、创新大赛等活动，搭建企业交流合作平台，为企业提供创业指导与技术支持。同时，完善产业配套服务，加强人才培养、技术研发、金融服务等体系建设，营造良好的营商环境，吸引更多企业投身于低空经济产业。随着市场主体数量的不断增加，产业规模将持续扩大，市场竞争也更加充分，从而推动低空经济消费市场持续繁荣，为经济增长注入新动能。

2.1.3 地方层面政策法规

在国家大力推动低空经济发展的宏观背景下，各地方政府积极响应，结合自身区域特点与发展需求，纷纷出台一系列政策法规，从多个维度为低空经济的腾飞搭建舞台，呈现出"百花齐放"的蓬勃发展态势。

2.1.3.1 深圳：全国首部地方性法规，奠定法治基础

（1）《深圳经济特区低空经济产业促进条例》

2024 年 1 月 3 日，深圳颁布了全国首部低空经济地方法规——《深圳经济特区低空经济产业促进条例》，以地方立法的方式为空域划设、飞行活动监管、基础设施规划与建设运营等提供明确的依据。

这一举措标志着我国低空经济在地方立法层面实现了重大突破，为深圳乃至全国低空经济的健康有序发展提供了坚实的法律依据。该法规围绕低空经济发展的全链条、各环节，构建起全面系统的法律框架。

在产业发展引导方面，明确鼓励低空经济技术创新与应用推广，对无人机研发制造、城市空中交通运营等领域取得突出成绩的企业和项目，给予政策优惠与资金扶持。同时，规范市场准入与竞争秩序，制定严格的企业资质审核标准，保障市场主体的合法权益，营造公平、开放、有序的市场环境。

在安全监管方面，创新监管模式，运用大数据、人工智能等先进技术，建立低空飞行器动态监测与安全预警系统，实现对低空飞行活动的全流程、实时化监管。对违规飞行、非法经营等行为制定了明确且严厉的处罚措施，以确保低空飞行安全和公共安全。此外，条例还对低空经济产业发展的基础设施建设、空域管理、人才培养等方面做出了具体规定，全方位保障低空经济在法治轨道上稳步前行。

（2）《深圳市培育发展低空经济与空天产业集群行动计划（2024～2025 年）》

同时，深圳发布了《深圳市培育发展低空经济与空天产业集群行动计划（2024～2025 年）》，围绕强化技术攻关、加快新型基础设施建设、培育壮大重点产业链等六个方面，提出 19 项重点任务，全市各区各部门协同发力；依托各区产业基础和优势布局了 10 个低空经济产业园区和 2 个特色产业园区；打造全国规模最大的 5G-A 低空通感网络，配置业内首个 4.9G 128TR 大张角通感设备，

能够实现 600 米以下的低空通信 + 感知融合一张网覆盖，为低空飞行提供通感一体化保障。建成一批北斗高精度定位基准站，率先实现低空、近海、陆地的厘米级北斗高精度定位网络全覆盖，已为头部企业超 10 万架无人机提供厘米级北斗高精度定位服务。

2.1.3.2 苏州：首部地方性低空交通规则，规范飞行秩序

2024 年 7 月 18 日，苏州发布了《苏州市低空空中交通规则（试行）》，并于同年 9 月 1 日起正式施行。作为全国首部地方性低空空中交通规则，它填补了地方低空交通管理规则的空白，为规范苏州市低空空中交通秩序提供了明确的操作指南。

规则针对苏州市低空飞行的特点和实际需求，对低空飞行空域进行了科学细致的划分，明确了不同空域的使用范围、飞行高度限制、飞行时段要求等内容，避免了空域资源的冲突与浪费。同时，对低空飞行器的飞行规则做出详细规定，包括飞行申报程序、避让原则、通信要求等，确保各类低空飞行器在苏州空域内能够安全、有序飞行。

此外，规则还强调多方协同管理，明确了民航、空管、公安等部门在低空交通管理中的职责与分工，强化部门间的信息共享与协同配合，以形成管理合力。通过定期开展联合执法行动，严厉打击违规飞行行为，维护良好的低空空中交通秩序，为苏州市低空经济的发展创造安全稳定的运行环境。

2.1.3.3 四川天府新区：精准政策扶持，激发产业活力

2024 年 11 月，四川天府新区直管区发布《关于促进低空经济产业发展的若干政策》，聚焦低空经济产业发展的关键环节和核心需求，通过精准的补贴和奖励措施，激发产业发展活力。

在企业增资扩产方面，对符合条件且进行规模扩张、技术升级的低空经济企业，根据其投资规模和实际贡献给予一定比例的资金补贴，助力企业扩大生产规模、提升生产效率。企业在适航取证过程中，会面对高额的研发投入和复杂的认证流程，对于成功取得适航证书的企业，政策规定给予其相应的费用补贴和奖励，以降低企业的取证成本和风险，鼓励企业加大技术研发投入，提升产品质量和安全性。

在商业运营环节，对开展低空物流、低空旅游等商业运营活动的企业，根据

运营业绩和市场影响力，给予一定的运营补贴和推广支持，帮助企业打开市场、拓展业务。同时，政策还鼓励企业开展产学研合作、参与行业标准制定等，从多个维度为低空经济企业发展提供全方位的政策支持，推动四川天府新区低空经济产业快速集聚和发展壮大。

2.1.3.4　湖南：十二个方面全面支持，构建产业生态

2024 年 6 月 19 日，湖南出台《关于支持全省低空经济高质量发展的若干政策措施》，从 12 个方面全方位、多层次地支持低空经济发展，着力构建完善的低空经济产业生态体系。

加大通航运营补贴，对开展通用航空运输、作业飞行等业务的企业，根据飞行小时数、运输量等指标给予补贴，以降低企业运营成本，提高通航运营的积极性和可持续性。在招引低空经济企业方面，制定优惠的招商引资政策，对新引进的低空经济龙头企业、创新型企业给予土地、税收、人才等方面的优惠政策，吸引优质企业落户湖南，增强产业发展的核心竞争力。

同时，加大对通用机场、直升机起降点、无人机飞行服务站等基础设施建设的投入，优化基础设施布局，提升基础设施服务能力。此外，政策还涵盖科技创新、人才培养、产业融合、安全监管等多个领域，通过加强产学研合作推动技术创新，实施人才引进计划壮大人才队伍，促进低空经济与旅游、物流等产业融合拓展应用场景，强化安全监管保障产业安全发展等一系列举措，全面推动湖南省低空经济高质量发展，打造具有湖南特色的低空经济产业集群。

2.1.3.5　多地协同发力，共促产业繁荣

除上述地区外，北京、上海、广东、浙江、江苏等经济发达地区也纷纷根据自身优势和发展定位，提出了明确的低空经济发展目标和任务。北京凭借其科技创新和产业资源优势，致力打造低空经济产业创新之都，通过设立专项产业基金，重点支持低空经济领域的关键技术研发和应用项目创新；建设高端产业园区，吸引国内外顶尖企业和科研机构入驻，形成产业创新高地。

上海依托其国际化大都市的地位和金融优势，积极建设全国低空经济产业综合示范引领区，一方面，加强与国际先进地区的交流与合作，引进国际先进技术和管理经验；另一方面，完善金融服务体系，为低空经济企业提供多元化的融资渠道和金融服务，推动产业与资本深度融合。

广东充分发挥其制造业和市场优势，以广州、深圳等核心城市为引领，带动周边地区协同发展，形成覆盖研发制造、运营服务、应用场景等全产业链的低空经济产业格局。通过优化营商环境、加强知识产权保护等措施，激发企业创新活力，提升产业整体竞争力。

浙江根据其民营经济活跃、创新氛围浓厚等特点，计划到 2035 年全面建成高水平民航强省和低空经济发展高地。通过政策引导和市场培育，鼓励民营企业参与低空经济产业发展，在无人机应用、航空运动等领域打造特色产业集群。

江苏则以构建具有世界影响力的低空经济发展高地为目标，在低空空域管理改革、产业创新生态构建、基础设施建设等方面持续发力。通过推动"一个标准、一个平台、一套规则、一张网"建设，实现全省低空经济的协同高效发展；同时加强与高校、科研院所合作，提升产业技术创新能力，推动产业向高端化、智能化发展。

各地在低空经济发展政策上虽各有侧重，但都紧密围绕释放空域资源、完善基础设施、培育产业生态、拓展应用场景、强化安全监管等核心要点，形成了各具特色又相互补充的政策体系。这些地方层面的政策法规相互协同、共同发力，为我国低空经济的蓬勃发展提供了有力支撑，推动了低空经济产业在地方层面不断发展壮大，助力我国低空经济整体迈向新的发展阶段。

2.1.4　政策的深度分析

国家层面和地方层面的低空经济政策相继出台，通过分析可以将其归纳为图 2-8 所示的特点。

特点一　从国家层面明确发展方向

从最初的概念提出，到逐步出台条例、方案等规范推动低空经济发展，体现了国家对低空经济的重视程度在不断提高。国家将低空经济作为战略性新兴产业进行培育，为其提供了明确的发展方向和政策指引

特点二　多部门协同推进

工信部、科技部、财政部、民航局等多个部门，通过联合印发方案、制定法规等方式，从产业技术创新、供应链提升、基础支撑体系建设等多个方面推进低空经济发展，形成了政策合力

特点三 > **地方积极响应与特色发展**

各地政府根据自身区域的资源禀赋和特点，出台了更为具体的产业发展政策，如北京打造低空经济产业创新之都、全国低空经济示范区；上海建成全国低空经济产业综合示范引领区；广东依托核心城市打造产业格局等，呈现出"因地制宜、百花齐放"的发展态势

特点四 > **政策涵盖范围不断扩大**

从最初的空域管理改革、无人机管理规范，到后来的适航认证提速、财政支持力度加大、监管体系完善等，政策涵盖了低空经济发展的各个环节，包括基础设施建设、产业发展、市场应用、安全监管等，形成了较为完善的政策体系，为低空经济的健康发展提供了全方位的保障

特点五 > **推动产业融合与创新发展**

政策鼓励低空经济与其他产业融合发展，如物流、旅游、农业、城市交通等，通过开展新技术新产品新场景大规模应用示范行动，推动低空经济创新发展，不断拓展低空经济的应用场景和市场空间

图 2-8　低空经济政策的深度分析

2.2　监管创新：准入机制的优化路径

在全球经济加速向低空领域拓展的大背景下，低空经济凭借广阔的市场前景与创新潜力，成为经济发展的新增长点。然而，低空经济的快速发展对监管体系提出了严峻挑战，其中，准入机制作为产业发展的"第一道关卡"，其优化升级成为行业健康有序发展的关键。当前，传统准入机制存在审批流程烦琐、标准滞后、部门协同不足等问题，难以适应低空经济发展技术迭代快、应用场景广、跨界融合度深等特点，亟须从多维度对其进行探索与创新。

2.2.1　低空经济准入机制存在的问题

在低空经济蓬勃发展的进程中，准入机制的弊端逐渐显现，主要集中在审批

流程、准入标准、部门协同三大方面，具体如下。

2.2.1.1 审批流程复杂冗长：多部门分割导致效率低下

当前，低空经济准入审批呈现"多龙治水"的局面。民航、空管、工商、环保等多个部门参与其中，缺乏统一的审批标准与协同机制。这使得企业在申请运营资质、空域使用许可等准入资格时，不得不反复穿梭于不同部门之间，多次提交材料、办理手续。

从时间维度看，审批周期往往长达数月甚至数年，极大地消耗了企业的时间成本。

以无人机物流企业开展跨区域业务为例，企业既要获得民航部门的运营许可，确保飞行安全合规；又要向空管部门申请空域使用权限，明确飞行区域和时段；同时，还得满足地方工商、环保等部门的相关要求，如企业注册登记、环保评估等。

这种复杂且烦琐的审批流程，严重制约了企业的发展，使其难以快速响应市场变化，从而错失发展机遇。

2.2.1.2 准入标准滞后于技术发展：传统标准难以适配新兴技术

低空经济领域的技术创新速度极快，电动垂直起降飞行器（eVTOL）、智能无人机等新型装备不断涌现，然而，现行准入标准却存在明显的滞后性。现行准入标准大多是基于传统航空产业制定的，面对新技术、新产品时，难以全面涵盖其安全和性能要求。

以eVTOL为例，其独特的垂直起降、电动驱动等飞行原理和运行模式，对飞行器的动力系统、控制系统、适航标准等方面都提出了全新的要求。传统的适航认证标准主要针对固定翼飞机和直升机设计，无法准确评估eVTOL的安全性和可靠性。这就导致部分创新产品即便具备先进技术和应用潜力，也因缺乏适用的准入标准，难以顺利进入市场，从而阻碍了行业的创新发展和技术应用。

2.2.1.3 部门协同监管不足：职责分散引发监管乱象

低空经济行业跨度大，涉及多个领域，监管职责分散在不同部门，部门之间信息壁垒严重，协同监管机制缺失。这种局面使得多头管理、职责不清等情况频发，进而产生监管漏洞与重复监管并存的乱象。

以无人机管理为例，民航部门主要负责飞行安全监管，确保无人机在飞行过程中的安全；公安部门侧重于公共安全监管，打击无人机违规飞行对公共安全造成的威胁；工信部门则承担生产制造监管职责，把控无人机的生产质量和技术标准。但各部门之间信息共享不畅、协调配合不足，使得无人机违规飞行、黑飞等问题难以得到有效遏制，既影响了低空飞行秩序，也对公共安全构成潜在威胁。

2.2.2　优化低空经济准入机制的创新路径

针对低空经济准入机制现存的问题，有必要优化低空经济准入机制，这也是推动行业健康发展的重要保障。图 2-9 所示创新路径，能够有效解决当前准入机制存在的问题，为低空经济发展营造更加宽松、规范、高效的政策环境。随着技术的不断进步和产业的持续发展，低空经济准入机制需要不断创新和完善，以适应行业发展的新需求，助力低空经济成为经济高质量发展的新动能。

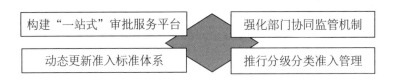

图 2-9　优化低空经济准入机制的创新路径

2.2.2.1　构建"一站式"审批服务平台：实现流程数字化与集约化

政府应整合民航、空管、工商、环保等多部门的审批职能，依托云计算、大数据等信息化技术，搭建统一的低空经济准入审批服务平台，打破部门间的数据壁垒，构建标准化的审批流程体系。企业仅需在线提交一次申请材料，系统即可依据预设规则，将材料自动分送至各相关部门，实现并联审批。

在流程设计上，平台通过模块化处理，将原本分散的资质审核、空域审批、环保评估等环节整合为"一窗受理"模式，审批周期可缩短 60% 以上。同时，引入实时进度查询和智能提醒功能，企业可通过平台实时掌握审批动态、接收关键节点提醒，减少因信息不对称而产生的沟通成本。

以深圳市的实践为例，其打造的"低空经济审批云平台"，将无人机物流企业的跨区域运营审批周期从 180 天压缩至 20 天，显著提升了市场主体的准入效率，为产业发展注入强劲动力。

2.2.2.2 动态更新准入标准体系：建立技术驱动的标准迭代机制

成立由行业专家、企业代表、科研机构组成的动态标准制定委员会，构建"监测－评估－修订"全周期管理体系。委员会通过跟踪全球低空经济技术动态，结合国内市场需求变化，每季度对准入标准进行评估，每年开展系统性修订。

针对电动垂直起降飞行器（eVTOL）、智能无人机等新兴领域，制定专项技术标准，细化动力系统稳定性、自主导航精度、应急处置能力等核心指标，并配套建立动态测试方法库。同时，建立"企业创新成果转化通道"，鼓励企业将技术专利、创新方案转化为行业标准。

例如，欧盟在 eVTOL 适航标准制定中，开放式征集企业技术方案，将分布式电推进系统等创新成果纳入标准体系，既保障了安全性，又推动了产业技术升级，也为我国标准体系建设提供了参考。

2.2.2.3 强化部门协同监管机制：打造全链条协同治理生态

构建"联席会议＋信息平台＋联合执法"三位一体的协同监管体系。政府牵头建立跨部门联席会议制度，制定常态化议事规则，定期研讨低空经济准入与监管中的重大问题，明确民航、空管、公安、工信等部门的权责边界。

依托区块链、物联网技术搭建协同监管信息平台，实现飞行数据、企业资质、违规记录等监管数据的实时共享与交叉验证。通过数据穿透式管理，消除部门间的信息孤岛，提升风险预判能力。同时，建立联合执法机制，制定统一的执法标准和流程，针对无人机"黑飞"、超范围运营等违规行为开展跨部门专项整治行动。

美国联邦航空管理局（FAA）通过与国土安全部、交通部建立数据共享平台，实现对无人机飞行数据与公共安全信息的联动分析，使违规飞行事件发生率下降42%。这种协同监管模式为我国提供了实践参考。

2.2.2.4 推行分级分类准入管理：实施差异化精准化管控

（1）科学分级分类

建立"风险－技术－场景"三维评估模型，对低空经济企业和项目进行科学分级分类。将小型无人机观光旅游、农业植保等风险可控、技术成熟的项目划定为低风险类别，实行"备案制＋负面清单"管理，简化审批流程，降低准入门槛；针对城市空中交通运营、跨境无人机物流等高风险、技术复杂的项目，实行"严格准入＋全周期监管"模式，加强安全评估与技术审查。

（2）动态评分

配套建立企业信用评价体系，从合规经营、安全记录、技术创新等维度进行动态评分，对信用良好的企业给予"绿色通道"审批、税收优惠等政策倾斜；对失信企业实施联合惩戒，限制其进入市场。

如此，通过差异化管理，既保障了低空经济产业安全有序的发展，又可以激发市场创新活力，推动低空经济形成"分层发展、协同共进"的良好格局。

章后小结

本章聚焦政策对低空经济的推动作用，从政策演变与监管创新两大维度，全面展现低空经济发展的政策环境。

在政策演变方面，系统梳理了低空经济相关政策的发展历程。国家层面出台一系列法规政策，逐步放宽空域限制，鼓励技术创新，为低空经济发展指明方向；地方层面结合区域特色，制定配套细则，在产业扶持、试点建设等方面积极探索，形成上下联动的政策体系。政策的演变始终围绕降低行业门槛、激发市场活力、保障安全有序发展等核心目标，为低空经济腾飞筑牢制度根基。

在监管创新部分，首先剖析了低空经济准入机制现存的问题，如审批流程烦琐、标准体系不完善、跨部门协同不足等，这些问题制约着行业的发展。然后针对这些痛点，提出了优化路径，包括简化审批流程、构建统一的准入标准、加强部门间数据共享与协作等，旨在通过制度创新打破发展壁垒，推动低空经济行业向规范化、高效化发展。

第❸章
技术革新：驱动低空经济飞跃发展

 学习目标

1. 知识掌握目标

（1）深入理解智能无人机的关键技术，包括导航定位、避障、自主控制等的原理，清晰掌握智能无人机在物流配送、农业植保、测绘巡检等低空经济领域的多元化应用场景及运行模式。

（2）全面了解电动航空技术，明确其在动力系统、电池技术等方面的创新突破，准确掌握电动航空技术如何开启绿色飞行新时代，以及对低空经济环保与可持续发展的重要影响。

（3）系统学习数字孪生与5G-A技术，熟悉数字孪生技术在低空设施模拟、运行监控等方面的应用，以及5G-A技术在低空通信、数据传输中的优势，理解二者如何协同构建智能低空生态。

（4）熟练掌握人工智能与大数据技术，了解人工智能在低空交通管理、飞行路径规划等方面的应用，以及大数据技术在行业数据分析、预测决策中的作用，熟悉二者对低空经济精准管理与决策的赋能方式。

2. 能力培养目标

（1）提升技术分析与应用能力，能够剖析各类技术在低空经济中的应用原理与价值，判断不同技术组合在特定场景下的适用性，为实际项目提供技术性建议。

（2）提升创新能力，能够结合技术发展趋势与低空经济需求，探索智能无人机、电动航空等技术的创新应用模式，提出推动低空经济发展的新思路。

（3）提升跨技术领域整合能力，能够梳理数字孪生、5G-A、人工智能与大数据等技术之间的关系，构建系统化的低空经济技术认知体系，清晰阐述技术协同发展对行业的促进作用。

3. 实践应用目标

（1）在实际工作或项目中，能够运用所学技术知识，参与低空经济相关技术方案的设计，解决智能无人机应用、低空通信网络搭建中的实际问题。

（2）尝试将人工智能与大数据技术应用于低空经济管理，通过数据分析优化资源配置、提升运营效率，为低空经济企业或管理部门提供决策依据，推动行业向智能化、高效化发展。

在科技革命与产业变革深度融合的当下，技术革新正以磅礴之力重塑低空经济发展格局。从智能硬件到数字系统，从动力革新到生态构建，一系列前沿技术的突破与应用，为低空经济插上腾飞的翅膀，推动其向更高质量、更有活力的方向迈进。

3.1　智能无人机技术：解锁多元应用场景

智能无人机技术凭借核心功能的迭代升级，正在重塑低空经济的应用版图。

3.1.1　智能无人机的关键技术

无人机作为低空经济的重要载体，其智能化技术的飞速发展，极大拓展了应用边界。避障、自主飞行、集群控制等关键技术的突破，使无人机从传统的遥控设备升级为具备环境感知、智能决策等能力的智能终端，在多个领域释放巨大的应用潜力。

3.1.1.1　避障技术：构建复杂环境的安全屏障

避障技术的革新是无人机智能化发展的重要标志。传统无人机依赖单一传感器或有限视角进行探测，在复杂环境中易发生碰撞。而新一代无人机采用多传感器融合系统，整合激光雷达、视觉摄像头、毫米波雷达等多种感知设备，实现了360度全向环境感知。

例如，大疆推出的新一代无人机，搭载多传感器融合系统，可实现360度全方位避障，在城市楼宇、山林等环境中自如穿梭，为物流配送、电力巡检等任务提供了可靠保障。

这种技术突破直接促进了低空物流的变革。在城市密集的楼宇间，智能无人机可精准避开电线、广告牌等障碍物，将药品、食品等紧急物资快速送达；在山区等地形复杂的区域，电力巡检无人机能沿输电线路自主飞行，对杆塔、绝缘子进行高清拍摄检测，比人工巡检效率提升了80%以上，有效降低了高空作业风险。

3.1.1.2 自主飞行技术：驱动农业生产智能化转型

自主飞行技术依托高精度导航与AI决策模型，使无人机摆脱了对人工操控的依赖。通过融合北斗卫星定位、地形测绘数据与AI学习算法，无人机可自动生成最优飞行轨迹。

例如，在农业植保领域，极飞科技的P40农业无人机借助双GPS定位系统与AI处方图技术，能根据农田肥力、作物密度自动调整喷洒参数，使农药使用量减少了30%，作业效率达每小时180亩❶。

这种智能化应用彻底改变了传统农业生产模式。过去需要大量人力的农药喷洒、作物监测等工作，如今通过无人机集群即可高效完成。同时，无人机搭载的多光谱相机可实时监测作物生长情况，生成精准的作物健康图谱，为农户施肥、灌溉提供了科学的决策依据，推动农业向精细化、智能化方向发展。

3.1.1.3 无人机集群控制技术：打造高效协同的任务执行网络

无人机集群控制技术实现了多架无人机协同作业，通过分布式计算与通信协议，集群内无人机可共享信息、协同决策。在大型活动的安保场景中，无人机集

---

❶ 1亩 ≈666.67平方米。

群可组成三维监控网络，通过 AI 图像识别技术实时追踪人群动态，发现异常行为时自动触发警报并引导安保人员处置。

应急救援领域更凸显集群技术的价值。在地震、洪水等灾害发生时，多架无人机可组成"空中救援编队"：侦察无人机先行探测灾区地形与人员分布，物资投送无人机随后精准投放食品、药品，通信中继无人机则负责搭建临时通信网络。

例如，2021 年河南特大暴雨期间，京东物流无人机集群完成超千架次物资投送，单架次可携带 15 千克物资飞行 30 千米，为受灾群众及时送去应急物资。

3.1.1.4　技术融合催生新应用生态

智能无人机的三大核心技术并非孤立存在，而是通过技术融合不断拓展应用边界。

例如，将避障技术与集群控制技术结合，可实现无人机蜂群在城市复杂空域的安全协同飞行；自主飞行技术与 5G 通信技术结合，能支持远程超视距作业，为跨境物流、海洋监测等场景提供可能。

这些技术创新正在构建"无人机即服务"的新生态。企业和机构无须自行购置设备与培训人员，通过云平台即可按需调用无人机服务。从城市规划测绘到野生动物保护监测，从影视航拍创作到地质灾害预警，智能无人机正以"全场景覆盖"的姿态，成为低空经济高质量发展的重要引擎。

3.1.2　智能无人机技术在低空经济中的应用

智能无人机技术在低空经济中具有广泛的应用（如表 3-1 所示），极大地推动了低空经济的发展。

表 3-1　智能无人机技术在低空经济中的应用

序号	应用领域	应用说明
1	物流配送	智能无人机能够根据预设的路线，自动完成货物的取送，实现点对点的快速运输，尤其是在交通拥堵的城市或偏远地区，能显著提高配送效率、降低成本。例如，一些电商企业利用无人机进行短距离的商品配送，将货物从仓库直接送到消费者手中

续表

序号	应用领域	应用说明
2	航拍测绘	凭借灵活的机动性，搭载高清摄像设备及测绘仪器，智能无人机可以快速获取大面积地形地貌、城市景观等的影像数据。通过对这些数据进行分析处理，进而绘制出高精度的地图，为城市规划、土地开发、资源勘探等提供重要的支持。比如，在城市建设项目中，利用无人机航拍测绘来评估地形和规划布局
3	农业植保	配备农药喷洒和播种装置的智能无人机，可根据农田的实际情况进行精准作业。智能无人机通过预设的飞行路线和参数，按照农作物的生长需求和病虫害分布情况，精确喷洒农药、播撒种子和施肥，可提高农业生产效率，减少人工劳动强度，同时降低农药和化肥的使用量，有效保护环境
4	电力巡检	智能无人机能够沿着电力线路飞行，利用高清摄像头、红外热成像仪等设备对线路进行实时监测，及时发现线路上的故障点、隐患部位以及周边环境的异常情况，如线路老化、杆塔倾斜、树木与线路安全距离不足等。相比传统的人工巡检方式，无人机巡检具有效率高、安全性好、检测范围广等优点，能够有效保障电力系统安全稳定运行
5	安防监控	在城市安防、园区安保、边境监控等领域，智能无人机可以作为移动的监控平台，对特定区域进行实时监控和巡逻。通过搭载的摄像头和传感器，智能无人机能够快速发现异常情况，并将图像和数据传至监控中心，为安保人员提供及时准确的信息，以便其采取相应的措施。例如，在大型活动现场，利用无人机进行空中监控，确保现场安全
6	影视拍摄	智能无人机可以搭载专业的摄影设备，灵活地在低空飞行，拍摄出各种角度和高度的画面，如高空俯瞰、穿越狭窄空间等，为影视制作提供丰富的拍摄视角和广阔的创意空间
7	应急救援	在自然灾害、交通事故等应急救援场景中，智能无人机可以快速到达现场，进行灾情侦察、人员搜索和定位。搭载红外热成像仪等设备的智能无人机，能够在黑暗、烟雾等复杂环境中发现被困人员。同时，还可以空投救援物资，为救援工作提供有力支持

3.2 电动航空技术：开启绿色飞行新时代

电动航空技术是低空经济发展的重要驱动力，在多个方面对低空经济产生深远的影响。

3.2.1 何谓电动航空技术

电动航空技术是指将电能作为动力来源应用于航空器的设计、制造、运行等方面的一系列技术。它涵盖多个关键领域，旨在提高航空运输的可持续性、高效性和环保性。

3.2.1.1 动力系统

（1）电池技术

电池技术是电动航空的核心技术之一。高性能的锂离子电池是目前主要的能量存储设备，其能量密度不断提高，使电动飞机能够拥有更长的续航里程。例如，一些新型电池通过改进电极材料和电池结构，将能量密度提升至较高水平。

（2）电机技术

电动航空器使用的电机需要具备高功率密度、高效率和可靠性等特点。永磁同步电动机因良好的性能在电动航空领域得到广泛应用。通过优化电机的设计和控制算法，能够提高电机的效率和功率输出，满足飞机在不同阶段飞行的动力需求。

3.2.1.2 飞机设计

（1）轻量化设计

电池的重量相对较大，为了提高电动飞机的性能，需要采用轻量化的材料和结构设计。碳纤维复合材料等轻质高强度材料被广泛应用于飞机的机身、机翼等结构部件，可以减轻飞机重量，增加有效载荷和续航里程。

（2）气动优化

电动飞机的外形设计需要更加注重气动性能的优化，以降低飞行阻力，提高能源利用效率。例如，采用流线型的机身设计、优化机翼的形状和翼型等措施，都有助于减少空气阻力，使飞机在飞行过程中消耗更少的能量。

3.2.1.3 充电设施

（1）地面充电系统

为电动飞机提供电能补给的基础设施，包括专用的充电设备和充电场地，需要根据电动飞机的电池类型和充电需求进行设计和配置。充电设备的功率和充电速度是重点考虑因素，快速充电技术的发展对于提高电动飞机的运营效率至关重要。

（2）分布式充电网络

随着电动航空的发展，需要建立分布式的充电网络，以满足电动飞机在不同机场和飞行区域的充电需求。这涉及充电设施的合理布局、电网接入和智能充电管理等方面的内容。

3.2.1.4　飞行控制系统

（1）能量管理系统

能量管理系统负责对电池的电量进行监测和管理，并根据飞行任务和飞机状态，合理分配电能到各个系统和设备，确保电池的安全使用和能量的高效利用。同时，还需要与飞行控制系统进行协同工作，以实现飞机的最佳飞行性能。

（2）飞行控制算法

应针对电动飞机的特点，开发专门的飞行控制算法。这些算法需要考虑电动飞机的动力特性、重量分布等因素，确保飞机在各种飞行条件下的稳定性和可操纵性。例如，通过精确的姿态控制和动力调节，使电动飞机能够在不同的气象条件和飞行任务中安全飞行。

电动航空技术的发展对于减少航空碳排放、降低运营成本、提高飞行安全性具有重要意义，是未来航空领域的一个重要发展方向。

3.2.2　电动航空技术的特点与优势

（1）环保节能

电动航空技术采用电力驱动系统，相较于传统的燃油发动机，显著减少了碳排放和污染物排放，符合全球对环境保护和可持续发展的要求。例如，在城市低空飞行中，电动飞行器可有效降低空气污染和噪声污染，为城市居民提供更加安静、清洁的生活环境。

（2）运行成本低

电动航空技术的能源成本相对较低，且电力驱动系统结构简单，维护成本也大幅降低。以电动无人机为例，其每次飞行的能源成本仅为燃油无人机的几分之一，同时由于减少了复杂的机械传动部件，维护工作量和成本也显著减少了。这使得运营企业能够有效降低成本，提高经济效益，从而更积极地投身于低空经济的各个领域。

（3）安全性高

电动航空技术通常采用多电机冗余设计，即使个别电机出现故障，其他电机仍可保证飞行器的飞行安全。此外，电池技术的不断进步，提高了电池的稳定性和安全性；电动系统的控制更加精确，有效降低了飞行风险，为低空经济的安全运行提供了有力保障。

3.2.3　电动航空技术在低空经济中的应用

电动航空技术在低空经济中的应用如图 3-1 所示。

电动垂直起降飞行器（eVTOL）是电动航空技术在城市空中交通领域的典型应用。eVTOL 能够在城市中实现垂直起降，无须大型机场的跑道，利用城市中的小型起降点即可完成起降，如楼顶平台、广场等，为城市居民提供高效、便捷的空中出行服务。例如，一些科技公司正在研发电动空中出租车，预计在未来几年内投入商业运营，有望缓解城市交通拥堵问题

电动无人机在物流配送领域的应用日益广泛。电动无人机能够凭借其灵活、高效的特点，实现货物的快速配送，尤其是在偏远地区、交通不便的区域以及城市"最后一公里"的配送场景中，具有明显优势。一些电商企业和物流企业已经开始试点使用电动无人机进行货物配送，提高了配送效率，降低了成本

电动航空技术为低空旅游带来了新的发展机遇。电动轻型飞机和电动直升机等飞行器为游客提供了更加环保、安静的低空旅游体验。游客可以乘坐电动飞行器在低空欣赏城市景观、自然风光。电动航空技术开拓了旅游市场的新领域，同时也为旅游景区和相关企业带来了新的经济增长点

图 3-1　电动航空技术在低空经济中的应用

3.2.4　电动航空技术对低空经济产业发展的推动作用

（1）促进产业创新与升级

电动航空技术的发展促使低空经济领域不断涌现新的商业模式和应用场景，推动了相关产业的创新与升级。例如，电动航空技术与人工智能、物联网等技术融合，催生了智能空中物流、智能空中交通管理等新兴产业，为低空经济的发展注入了新的活力。

（2）带动相关产业发展

电动航空技术的发展带动了电池技术、电机技术、电控技术、新型材料等多个相关产业的发展。为了满足电动航空飞行器对电池的高性能、高安全性需求，电池企业加大研发投入，推动电池技术不断进步。同时，飞行器结构件对轻量化、高强度新材料的需求，也促进了材料技术的发展。这些相关产业的发展共同构成了低空经济发展的坚实基础。

（3）创造就业机会

电动航空技术的发展以及在低空经济领域的广泛应用，创造了大量的就业机会。从飞行器的研发、制造、维护到运营管理、飞行驾驶等各个环节，都需要专业人才。例如，随着电动无人机物流配送业务的增长，需要大量的无人机操作人员、维护人员以及物流管理人员。

3.2.5　电动航空技术的发展趋势

3.2.5.1　面临的挑战

目前，电动航空技术仍面临一些挑战，例如，电池能量密度有限，限制了飞行器的续航里程和载重能力；充电基础设施不完善，导致飞行器充电不便，影响了大规模应用；此外，相关的法规和标准还不够完善，需要进一步优化电动航空飞行器的安全标准、飞行规则等内容，以确保飞行安全。

3.2.5.2　发展趋势

随着技术的不断进步，电池能量密度将逐步提高，充电技术也会不断优化，有望解决续航和充电问题。同时，随着电动航空技术的应用规模不断扩大，政府和行业组织也将加快制定和完善相关法规和标准，为低空经济发展营造良好的政策环境。此外，电动航空技术与其他新兴技术的融合将不断深化，推动低空经济向智能化、网络化、协同化方向发展。

3.3 数字孪生与5G-A技术：构建智能低空生态

数字孪生与5G-A技术为低空经济的发展提供了强大的技术支撑。

3.3.1 数字孪生技术与低空经济

3.3.1.1 何谓数字孪生技术

数字孪生技术是一种利用数字化手段对物理实体进行全面、精确模拟和映射的技术。它通过数据采集与传输、数据处理与分析、模型构建与仿真、平台搭建与集成等关键环节，在虚拟空间创建出与物理实体高度相似的虚拟模型。该模型不仅具有与物理实体相似的外观和结构，更重要的是能够实时反映物理实体的状态、行为和性能，可实现对物理实体的实时监测、优化控制、预测诊断等功能。

数字孪生技术中的关键技术如表3-2所示。

表3-2　数字孪生技术中的关键技术

序号	关键技术	详细说明
1	数据采集与传输	通过部署各种传感器在物理实体上，实时采集运行状态、环境变化等多维度数据，并借助网络通信技术将这些数据传输到云端或本地服务器，为后续的处理和分析提供基础。例如，在工业设备上安装温度、压力、振动等传感器，实时收集设备的运行数据
2	数据处理与分析	运用大数据、人工智能等技术对采集到的海量数据进行清洗、转换、融合等处理，提取有价值的信息，为虚拟模型的构建和更新提供依据。比如，通过机器学习算法对设备运行数据进行分析，预测可能出现的故障
3	模型构建与仿真	依据物理实体的结构、功能和行为特性，利用计算机建模技术构建精确的虚拟模型，并通过仿真技术模拟物理实体在不同环境下的运行情况。以汽车发动机为例，可构建虚拟模型，模拟不同转速、负载下的工作状态

续表

序号	关键技术	详细说明
4	平台搭建与集成	搭建数字孪生平台，将虚拟模型、数据处理与分析结果以及各种应用系统进行集成，实现数据的共享和交互，为用户提供统一的可视化界面和操作入口

3.3.1.2 数字孪生技术在低空经济中的应用

数字孪生技术通过对低空环境、飞行器、基础设施等进行数字化建模与仿真，为低空经济管理与决策提供了精准依据。它在低空经济的多个领域发挥重要作用，通过精准模拟、实时监控和优化决策等方式，助力低空经济实现高效、安全和可持续发展，具体如图 3-2 所示。

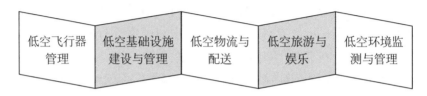

图 3-2 数字孪生技术在低空经济中的应用

（1）低空飞行器管理

数字孪生技术在低空飞行器管理中的应用如表 3-3 所示。

表 3-3 数字孪生技术在低空飞行器管理中的应用

序号	应用	说明
1	飞行模拟与培训	利用数字孪生技术创建逼真的低空飞行环境和飞行器模型，对飞行员进行模拟培训。通过模拟各种复杂气象条件、飞行场景和突发状况，可提高飞行员的飞行技能和紧急情况应对能力，降低培训成本和飞行风险
2	飞行实时监控与预警	建立低空飞行器的数字孪生模型，实时反映飞行器的位置、姿态、速度等信息。结合传感器数据和气象数据，对飞行过程进行实时监控和分析，可及时发现潜在的飞行风险，如飞行路线冲突、设备故障等，并发出预警，确保飞行安全
3	飞行器性能优化	基于数字孪生模型，对低空飞行器的空气动力学性能、动力系统效率、结构强度等进行仿真分析和优化。通过虚拟试验和改进，可提高飞行器的性能和可靠性，降低能耗和运营成本

（2）低空基础设施建设与管理

数字孪生技术在低空基础设施建设与管理中的应用如表3-4所示。

表3-4　数字孪生技术在低空基础设施建设与管理中的应用

序号	应用	说明
1	规划与设计	在低空基础设施建设的规划阶段，利用数字孪生技术创建地形、地貌和城市环境的虚拟模型，对机场、起降点、导航设施等进行合理布局和规划。通过模拟不同方案的交通流量、噪声影响等因素，可优化基础设施的设计和选址，提高资源利用效率和城市空间适应性
2	建设过程监控	在基础设施建设过程中，借助数字孪生模型实时跟踪施工进度、质量和安全状况。将现场传感器的数据与虚拟模型进行融合，可实现对施工过程的可视化管理和远程监控，及时发现和解决问题，确保工程顺利进行
3	设施运维管理	建立低空基础设施的数字孪生模型，实时反映设施的运行状态和健康状况。通过对设施的结构应力、设备运行数据等进行分析，可预测设施的故障和寿命，制定合理的维护计划和维修策略，提高设施的可靠性和使用寿命

（3）低空物流与配送

数字孪生技术在低空物流与配送中的应用如表3-5所示。

表3-5　数字孪生技术在低空物流与配送中的应用

序号	应用	说明
1	路径规划与优化	根据用数字孪生技术构建的城市三维模型和交通流量数据，为低空物流无人机规划最优的飞行路径。考虑建筑物高度、禁飞区域、气象条件等因素，实时调整飞行路线，避开障碍物和拥堵区域，可提高物流配送效率和准时性
2	物流中心管理	对低空物流中心进行数字孪生建模，实现对货物存储、分拣、装载等环节的实时监控和优化管理。通过模拟物流中心的运营流程，可合理安排货物摆放位置、优化分拣策略和装载顺序，提高物流中心的运作效率和空间利用率
3	配送过程跟踪与反馈	利用数字孪生技术实时跟踪低空物流无人机的配送过程，将货物状态、飞行位置等信息及时反馈给用户和物流企业。用户可以通过手机应用程序实时查看货物配送进度，物流企业则可以根据实际情况及时调整配送计划，提高服务质量和用户满意度

（4）低空旅游与娱乐

数字孪生技术在低空旅游与娱乐中的应用如表 3-6 所示。

表 3-6　数字孪生技术在低空旅游与娱乐中的应用

序号	应用	说明
1	虚拟旅游体验	借助数字孪生技术创建低空旅游场景的虚拟模型，为游客提供沉浸式的虚拟体验，提高旅游的趣味性和吸引力。游客可以通过虚拟设备提前了解景点的风貌和特色，从而规划自己的旅游路线
2	飞行表演与赛事	在低空飞行表演和赛事前，利用数字孪生技术进行飞行轨迹规划和模拟演练。通过虚拟模型模拟表演动作和比赛流程，确保表演的安全性和观赏性。同时，数字孪生技术还可以为观众提供实时的飞行数据和虚拟视角，增强观众的观看体验

（5）低空环境监测与管理

数字孪生技术在低空环境监测与管理中的应用如表 3-7 所示。

表 3-7　数字孪生技术在低空环境监测与管理中的应用

序号	应用	说明
1	环境数据采集与分析	以搭载传感器的低空飞行器作为移动监测平台，借助数字孪生技术实时采集大气环境、水质、噪声等环境数据。将传感器数据与数字孪生模型融合，可实现对环境数据的可视化展示和分析，及时发现环境污染源和异常区域，为环境治理提供支持
2	生态保护与修复	在生态保护和修复方面，数字孪生技术可以监测生态环境的变化情况。利用低空飞行器拍摄的图像和数据，创建生态系统的数字孪生模型，实时反映生态系统的健康状况和变化趋势，可为生态保护和修复措施的制定和效果评估提供科学依据

3.3.2　5G-A技术与低空经济

3.3.2.1　何谓5G-A技术

5G-A（5G-Advanced）技术是 5G 技术的增强版本，视为从 5G 到 6G 过渡的重要阶段。图 3-3 所示是 5G-A 技术的特点与创新方向。

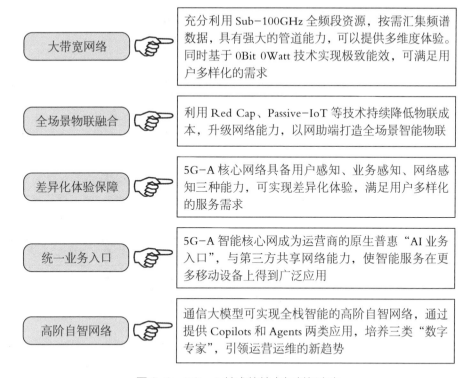

图3-3　5G-A技术的特点与创新方向

3.3.2.2　5G-A技术在低空经济中的应用

5G-A技术的应用为低空经济注入强大的通信动力。5G-A作为5G技术的升级版，在网络速度、容量和时延等方面有显著提升，同时引入通感一体和更加精细的网络切片功能，为低空智能网联体系提供了强大的技术支持。

例如，在无人机配送领域，5G-A技术可以确保无人机在复杂环境中稳定、快速地传输数据，实现精准导航和避障，从而提高配送的准确性和效率。

5G-A技术的不断成熟和广泛应用，为低空经济各种场景的落地提供了有力保障。工信部等部门出台政策，推动5G虚拟专网在低空经济新兴场景中部署，加速了低空经济与5G-A技术的融合。运营商也积极开展生态合作，如中国电信成立"低空经济产业联盟"、中国移动聚焦物流运输等领域打造低空行业应用、中国联通筹建水上5G低空智联网等，不断扩展低空经济的应用场景和边界。

5G-A技术凭借大带宽、低时延、广连接等卓越特性，在多个方面为低空经济提供有力支持，具体如表 3-8 所示。

表 3-8 5G-A 技术在低空经济中的应用

应用范围	具体应用	应用说明
低空飞行器通信与控制	通信可靠及时	5G-A 技术具备更低的时延性和更高的可靠性，可确保地面控制站与低空飞行器之间的指令传输准确且及时。在复杂的低空飞行环境中，如城市中心或物流密集区域，能让飞行器快速响应控制指令，避免碰撞，确保飞行安全
	数据高速传输	大带宽特性使飞行器能够实时传输高清视频、传感器数据等信息。例如，在低空物流无人机配送中，将飞行区域下方的路况、障碍物等信息及时传至地面监控中心，便于监控人员实时掌握情况并进行调度指挥；在低空测绘、巡检等应用中，快速传输高分辨率的图像和测量数据，提高工作效率
低空交通管理与监控	精准定位与跟踪	5G-A 网络结合高精度定位技术，可实现对低空飞行器的精准定位和实时跟踪。基于此，交通管理部门能准确掌握每架飞行器的位置、速度、姿态等信息，对飞行轨迹进行实时监控，及时发现违规行为或异常情况，有效规范低空飞行秩序
	大量设备连接管理	低空经济发展中会出现大量飞行器同时作业的场景，5G-A 技术强大的连接能力可支持众多低空飞行器同时接入网络。通过网络切片技术，为不同类型的飞行器和应用场景分配专属的网络资源，确保各类业务互不干扰，实现高效统一的管理
低空物流与配送	飞行路径规划与优化	5G-A 技术可将实时的交通信息、气象数据等传给低空物流飞行器，并结合人工智能和大数据分析技术，规划出最优的飞行路径。同时，根据实际情况动态调整飞行路径，避开拥堵区域和不利气象条件，提高配送效率和准时性
	远程监控与故障诊断	地面监控人员可通过 5G-A 网络对物流飞行器进行远程监控，及时发现飞行器的故障与隐患。一旦出现问题，迅速采取应急措施让飞行器就近降落，减少货物损失和配送延误率
低空旅游与娱乐	虚拟场景体验	在低空旅游中，5G-A 技术可将飞行器拍摄的高清全景视频、虚拟现实（VR）/增强现实（AR）内容实时传至游客的终端设备，为游客提供沉浸式的飞行体验。例如，游客乘坐观光飞行器时，能通过 VR 设备身临其境地欣赏美景，仿佛置身于虚拟的空中世界
	智能互动与服务	基于 5G-A 网络，低空旅游景区可提供智能导览、语音交互等服务。游客可以通过语音指令获取景点介绍、飞行路线等信息，同时还能与景区的智能系统进行互动，获得不一样的旅游体验

续表

应用范围	具体应用	应用说明
低空应急救援	快速通信与指挥	在应急救援场景中，5G-A技术能迅速建立起空中与地面的通信链路，使救援人员在低空飞行器上与地面指挥中心保持实时联系，及时汇报现场情况、接受指令，提高救援效率
	远程操作与协同作业	对于一些危险的救援任务，可通过5G-A网络对低空救援飞行器进行远程操作，避免救援人员直接进入危险区域。同时，5G-A技术还能协调多架飞行器和救援设备进行协同作业，如物资运输、人员搜索等，提升应急救援的能力和效率

总之，数字孪生技术实现了低空环境的精准映射和智能管理，5G-A技术则为低空经济提供了高速、稳定的通信保障和通感一体化模式，二者共同推动低空经济向安全、高效、智能的方向发展，助力"空天地一体化"数字经济新生态的构建。

3.4 人工智能与大数据技术：精准赋能管理与决策

人工智能技术贯穿于低空经济管理的全过程。大数据技术则为低空经济管理提供了数据支撑。人工智能与大数据技术的深度融合，让低空经济管理与决策更加精准、科学、高效。

3.4.1 人工智能（AI）技术在低空经济中的应用

人工智能（AI）技术在低空经济发展中起着关键作用。

3.4.1.1 何谓人工智能（AI）

人工智能（Artificial Intelligence，简称AI）是研究与开发模拟、延伸和扩展人类智能的理论、方法、技术及应用系统的一门新的技术科学。它试图让机器像人类一样能学习推理、理解语言、识别图像、解决问题以及进行决策等。

人工智能的研究领域如表3-9所示。

表 3-9　人工智能的研究领域

序号	研究领域	说明
1	机器学习算法	这是人工智能的核心领域之一，通过开发算法和模型，让计算机能够从数据中自动学习、发现规律，并利用这些知识进行预测和决策。常见的机器学习算法包括监督学习（如决策树、支持向量机）、无监督学习（如聚类算法）和强化学习等
2	自然语言处理	即如何让计算机理解、生成和处理人类自然语言。例如，语音识别可将语音转化为文字，机器翻译可将一种语言翻译成另一种语言，问答系统能够理解用户问题并给出准确回答
3	计算机视觉	让计算机能够"看"懂图像和视频内容，从而实现目标识别、图像分类、目标跟踪、图像生成等功能，可应用于安防监控、自动驾驶、医疗影像诊断等多个领域
4	知识表示与推理	即将人类的知识以计算机能够理解和处理的形式表示出来，并让计算机基于这些知识进行推理和决策。例如，专家系统就是利用特定领域知识来解决复杂问题的人工智能系统
5	机器人	包括机器人的设计、开发和控制，旨在使机器人能够在各种环境中执行任务。机器人需要具备感知能力（通过传感器获取环境信息）、决策能力（根据感知信息做出决策）和行动能力（通过执行机构完成任务）

3.4.1.2　人工智能技术在低空经济中的作用

人工智能技术在低空经济中的作用如图 3-4 所示。

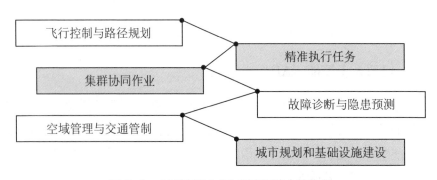

图 3-4　人工智能技术在低空经济中的作用

（1）飞行控制与路径规划

人工智能技术可显著提升无人机等低空飞行器的飞行控制能力。通过先进的算法，飞行器能够实时感知周边的环境，自主规划飞行路径。

例如，在复杂的城市环境中，无人机可以利用计算机视觉和传感器融合技术，识别建筑物、道路、行人等物体，自动避开障碍物，选择最优航线，提高飞行的安全性与高效性。

同时，人工智能技术还能根据实时的气象条件、交通状况等数据，动态调整飞行计划，提高飞行的灵活性和适应性。

（2）精准执行任务

在低空经济的各种应用场景中，人工智能技术有助于飞行器更精准地完成任务。

以农业植保为例，搭载人工智能系统的无人机可以对农田进行图像识别和数据分析，精确判断作物的生长情况、病虫害分布以及肥料需求，从而精准地开展农药喷洒和施肥作业，提高农业生产效率，减少资源浪费和环境污染。

（3）集群协同作业

人工智能技术使多架无人机协同作业成为可能。通过分布式的智能算法，无人机集群能够高效配合，协同作业。在大型活动的安保场景中，多架无人机可以组成编队，按照预设规则和策略，对活动现场进行全方位、无死角的监控，同时实时传输图像和数据，及时发现异常情况并进行预警。在应急救援场景中，无人机集群可以协同开展搜索救援和物资投放等工作，例如，有的无人机负责搜索受灾区域的幸存者，有的无人机则负责投放救援物资或引导救援人员到达指定地点。通过集群协同作业，可以大大提高应急救援的效率和效果。

（4）故障诊断与隐患预测

人工智能技术可以对低空飞行器的状态进行实时监测，及时发现故障并快速诊断，减少处置时间，提高运行效率。通过收集飞行器传感器数据、飞行参数等信息，并利用机器学习算法建立故障预测模型，可提前发现潜在的安全隐患，及时通知维护人员进行检测，避免发生飞行事故，提高飞行的安全性和可靠性。

（5）空域管理与交通管制

随着低空经济的发展，低空空域的使用日益频繁，人工智能技术对于空域管理和交通管制具有重要意义。通过对大量飞行数据和实时监测信息进行分析，并利用人工智能系统，可以优化空域资源，制定合理的飞行规则和交通管制策略，实现对低空飞行器的有效管理，避免空中碰撞和拥堵现象发生。

例如，智能的空域管理系统可以根据不同区域的飞行需求和安全等级，动态调整空域范围和飞行规则，提高空域的利用率和安全性。

（6）城市规划和基础设施建设

借助人工智能技术，对低空飞行器采集的城市图像和数据进行分析，可为城市规划提供更全面、准确的支持。

例如，规划人员利用人工智能可以更好地了解城市空间结构、人口分布、交通流量等情况，从而合理优化城市布局、规划交通网络、配置公共服务设施。

在基础设施建设方面，如高楼大厦、桥梁等的建设，无人机搭载人工智能设备可以进行施工现场监测和测量，及时发现施工中存在的问题，确保工程质量和安全，提高生产效率。

3.4.1.3 人工智能技术在低空经济中的应用

人工智能技术在低空经济中应用广泛，涵盖低空飞行管理、物流配送、安防监控等多个领域，如表 3-10 所示。

表 3-10 人工智能技术在低空经济中的应用

应用范围	具体应用	应用说明
低空飞行管理	飞行路径规划	人工智能算法可根据实时气象条件、空域限制、飞行任务等多维度数据，为低空飞行器规划出最优的飞行路径。例如，在城市低空物流配送中，考虑建筑物分布、禁飞区域和交通流量等因素，为无人机规划出能避开障碍物的配送路线
	空中交通管理	利用机器学习技术对大量飞行数据进行分析，预测飞行流量和趋势，可实现智能空中交通管理。例如，在低空飞行活动频繁的区域，通过人工智能系统提前预测飞行高峰时段和区域，合理分配空域资源，避免飞行器之间发生碰撞

续表

应用范围	具体应用	应用说明
物流配送	货物识别与分拣	在低空物流的仓库端，利用计算机视觉和深度学习技术，人工智能系统能够快速准确地识别不同种类、形状和体积的货物，并进行自动分拣和码放。比如，在电商仓中，机器人可以通过视觉识别技术快速找到待配送的货物，并将其搬运至无人机装载区
	智能配送与决策	结合大数据分析技术，人工智能系统可以根据订单信息、交通状况、天气变化等因素，实时调整配送计划。比如，遇到恶劣天气，智能系统会自动推迟或调整无人机的配送任务，选择合适的时机再进行配送，确保货物安全送达
安防监控	目标检测与跟踪	基于计算机视觉技术的人工智能系统，能够实时监测低空区域，快速识别可疑目标，如未经授权的无人机，同时，对目标进行跟踪，将相关信息及时传给安保人员，以便其采取相应的措施
	行为分析与预警	利用深度学习算法对监控视频中的人员和飞行器行为进行分析，判断是否存在异常行为，如异常飞行姿态、人员违规聚集等，并及时发出预警。例如，在大型活动现场，利用人工智能系统对低空区域进行实时监测，提前发现潜在的安全隐患
农业植保	农田监测	搭载传感器和摄像头的低空飞行器，利用人工智能图像识别技术，可对农田进行大面积、高精度监测，及时发现农作物的病虫害、营养缺失等问题。例如，通过分析无人机拍摄的农田图像，识别出患有病虫害的农作物区域，以便及时采取防治措施
	精准作业	基于人工智能的决策系统，可根据农田监测数据和农作物生长模型，控制低空飞行器进行精准的植保作业，如施肥、施药等，有效提高农药和化肥的利用率，减少对环境的污染，同时提高农作物的产量和质量
测绘与地理信息	地形测绘	低空飞行器搭载测绘设备，利用人工智能算法对获取的图像和数据进行处理和分析，能够快速生成高精度的地形测绘图，为城市规划和基础设施建设提供准确的地理信息数据
	环境检测	利用人工智能技术比较不同时期的低空测绘数据，自动检测地理环境的变化情况，如土地利用情况、建筑物新增或拆除等，对于资源管理、环境保护和城市发展监测具有重要意义

3.4.2 大数据技术在低空经济中的应用

3.4.2.1 何谓大数据技术

大数据技术是一系列用来收集、存储、管理、分析和可视化大量复杂数据的技术集合，旨在从海量数据中提取有价值的信息和知识，对决策制定、业务优化、科学研究和创新等提供支持。

3.4.2.2 大数据的关键技术

大数据的关键技术如图 3-5 所示。

包括网络爬虫、传感器数据采集、日志文件收集等技术，以及对采集数据进行的清洗、转换、集成等预处理操作，以提高数据质量，为后续分析做准备

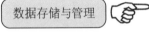
采用分布式文件系统（如 Hadoop 分布式文件系统）、NoSQL 数据库（如 Cassandra、MongoDB 等）和数据仓库（如 Hive、Impala 等）等技术，实现对大规模数据的高效存储和管理，并支持数据的快速查询和访问

运用机器学习、深度学习、统计学等算法，对数据进行分类、聚类、关联规则挖掘、异常检测等操作，以发现数据的规律、趋势和关系，例如，使用决策树、支持向量机等算法进行分类预测，利用 K-Means 算法进行聚类分析

通过图表、图形、地图等方式将数据分析结果展示出来，以便于用户更直观地理解，常见的可视化工具包括 Tableau、PowerBI 等

图 3-5　大数据的关键技术

3.4.2.3 大数据技术在低空经济中的作用

大数据技术在低空经济中的作用表现在表 3-11 所示的几个方面。

表 3-11　大数据技术在低空经济中的作用

序号	作用	说明	举例
1	支持政府决策	通过收集、分析低空经济相关的各类数据，如飞行器运行数据、空域使用数据、市场需求数据等，为政府部门制定政策、规划空域、审批项目等提供科学依据	例如，根据无人机配送业务数据，合理规划配送站点和航线，提高物流效率
2	提升运营效率	企业可以利用大数据分析技术优化自身的运营流程	例如，低空旅游企业通过分析游客数据，了解游客偏好和需求，设计更受欢迎的旅游线路和产品；无人机物流企业通过分析订单数据和飞行数据，优化配送计划与路线，降低运营成本
3	保障飞行安全	利用大数据技术建立飞行安全监测系统，收集飞行器的状态数据、气象数据、地理信息数据等，实时监测飞行环境和飞行器状态，及时发现潜在的安全隐患并发出预警	例如，通过分析气象数据和无人机飞行数据，提前预测恶劣天气对飞行的影响，及时调整飞行任务
4	促进产业创新	大数据技术为低空经济产业的创新提供了基础。企业和科研机构可以通过挖掘大数据中的信息，发现新的应用场景和商业机会，推动技术创新和产业升级	例如，基于对城市交通流量数据和低空飞行数据的分析，探索城市空中交通的新模式和新应用

3.4.2.4　大数据技术在低空经济领域的应用

大数据技术在低空经济领域有广泛的应用，主要体现在表 3-12 所示的几个方面。

表 3-12　大数据技术在低空经济领域的应用

应用范围	具体应用	应用说明
低空飞行管理	飞行数据监测与分析	收集低空飞行器的飞行数据，包括飞行轨迹、速度、高度、姿态等信息，利用大数据技术进行实时监测和分析，及时发现异常行为，如偏离航线、超速飞行等，为空中交通管理提供有力支持，保障低空空域的安全与有序

应用范围	具体应用	应用说明
低空飞行管理	飞行器性能评估	基于大量的飞行数据，对不同类型、不同品牌低空飞行器的性能进行评估和比较，分析飞行器的可靠性、稳定性、续航能力等指标，为飞行器制造商改进产品提供依据
空域资源管理	空域使用情况分析	大数据技术可以整合来自多个渠道的数据，如雷达监测数据、飞行器飞行数据、气象数据等，全面分析空域的使用情况，明确不同区域、不同时间段空域的繁忙程度，为空域规划和资源分配提供数据支持
	流量预测与管理	根据历史飞行数据和实时监测信息，运用大数据分析算法预测低空飞行器的流量变化趋势，从而提前制定交通管制策略，合理引导飞行器飞行，避免空域拥堵，保障飞行安全
低空物流配送	配送路线优化	收集客户地址、交通状况、天气条件等数据，利用大数据分析技术优化低空物流配送路线，并根据各种因素的动态变化，实时调整路线，确保货物快速、准确地送达目的地，并降低配送成本，提高配送效率
	需求预测	分析历史订单数据、市场趋势、季节变化等因素，对低空物流配送的需求进行预测，帮助物流企业合理安排飞行器资源、配置人员和仓储设施，提高物流运营效率
应急救援与公共安全	灾害现场评估	发生自然灾害或突发事件时，利用低空飞行器搭载传感器来收集现场数据，并通过大数据技术对灾区地形、受灾程度、人员分布等情况进行分析，为救援工作提供准确的有力支持
	救援行动跟踪与协调	实时跟踪救援飞行器的飞行状态和救援人员的位置信息，并通过大数据平台进行整合和分析，实现救援力量的合理调配，提高应急救援的响应速度和效果
农业与林业应用	农田与森林监测	利用低空飞行器搭载遥感设备来获取农田和森林的数据信息，通过大数据分析技术监测农作物生长情况与森林防火情况，及时发现问题并采取措施，提高农业生产效率和林业资源保护水平
	精准作业	根据土壤数据、气象数据等信息，利用大数据技术制定合理的农业作业方案，指导低空飞行器精准开展施肥、喷洒农药等作业，实现农业生产的精细化管理，减少资源浪费和环境污染

章后小结

本章围绕智能无人机、电动航空、数字孪生与5G-A、人工智能与大数据等技术，系统阐述了技术革新对低空经济的驱动作用。

智能无人机技术凭借导航定位、避障、自主控制等关键功能，在物流配送、农业植保、测绘巡检等领域得到广泛应用，极大扩展了低空经济的服务边界；电动航空技术通过动力系统与电池技术的创新突破，显著降低了能耗与碳排放，为低空经济开启绿色飞行新时代，推动行业可持续发展；数字孪生技术能够对低空设施进行精准模拟与监控，5G-A技术则凭借高速、稳定的通信传输优势为低空经济提供有力支持，二者协同构建起智能低空生态，提升了低空经济的运营效率；人工智能技术在低空交通管理、路径规划等方面发挥智能决策优势，大数据技术则通过对行业数据的深度分析与预测，为低空经济的精准管理与科学决策提供有力支撑。这些技术创新发展、相互融合、协同发力，成为推动低空经济飞跃发展的核心动能，为行业发展注入了无限潜力。

第 2 部分

应用篇：
低空经济的多元化
应用与挑战应对

第 4 章
商业新蓝海：低空经济的多元化应用领域

学习目标

1. 知识理解目标

（1）全面掌握低空物流的特点，深入理解重塑配送网络的具体表现以及发展所需的技术、政策等资源，熟悉我国低空物流产业运营的现状、面临的挑战及应对策略。

（2）清楚低空旅游与空中摄影兴起的原因，了解低空旅游商业化的运营模式，以及空中摄影带来的经济价值与市场潜力。

（3）准确理解城市空中交通的特点与商业化应用场景，深入研究电动垂直起降技术的商业化发展趋势，明晰未来城市空中交通的发展方向。

（4）熟练掌握低空视角下空间规划与基础设施规划的理念、方法和要点，清楚低空经济对城市规划产生的影响。

（5）系统了解农业领域低空经济商业化发展的特点、模式、现状与面临的挑战，掌握切实可行的应对策略，明白低空经济在农业增效增收中的重要作用。

（6）熟悉低空飞行器在测绘与巡检领域的优势，以及低空经济在该领域的具体应用场景，准确判断低空经济商业化发展的态势，把握行业发展动态。

2. 能力培养目标

（1）提升综合分析能力，能够结合低空经济在各应用领域的特点、现状与趋势，全面分析行业发展的机遇与挑战，并形成独立的见解与判断。

（2）提升知识运用能力，能够将低空经济的发展模式、经验与策略进行归纳与总结，并做到灵活运用，为其他领域的发展提供参考。

（3）提升问题解决能力，能够针对低空经济在各应用领域面临的实际问题，运用所学知识，提出具有创新性和可行性的解决方案。

（4）培养市场洞察力，通过对各领域低空经济发展的研究，能够敏锐捕捉市场需求变化与发展趋势，为商业决策提供有力支持。

3. 实践应用目标

（1）在实际工作或项目中，能够运用低空经济相关知识，参与低空物流网络规划、低空旅游产品设计、城市空中交通项目评估等实践活动，并推动项目落地实施。

（2）尝试为农业领域低空经济业务提供咨询服务，或参与测绘与巡检领域的商业化运营，将理论知识转化为实际生产力，助力低空经济在各领域的发展与创新。

4.1　低空物流：网络重塑，配送效率提升

低空物流是智慧物流在低空经济领域的创新应用，对物流网络重塑具有重要意义。

低空物流被视为降低社会物流成本、提高整体物流效率的重要方式。早在2013 年，亚马逊公司就已将无人机配送提上日程。当前，美团、顺丰、京东等物流和电商企业正积极探索将无人机作为日常配送工具纳入物流运行网络。

4.1.1　低空物流的特点

低空物流是利用无人机等航空器在低空空域进行货物运输的一种新型物流方式。它具有高效性、灵活性、低成本等优势（如图 4-1 所示），能突破地面交通限制，实现快速配送，尤其适用于偏远地区、交通不便地区以及城市中交通拥堵地区的配送场景。

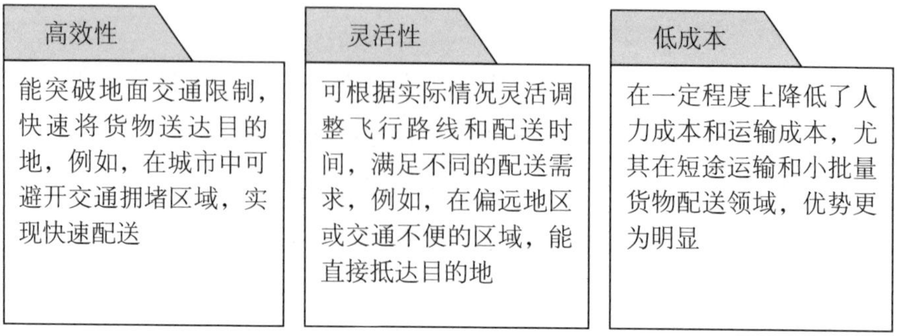

图 4-1　低空物流的特点

4.1.2　低空物流网络重塑的表现

低空物流的发展对城市空中物流网络重塑有着重要作用，主要体现在以下几个方面。

4.1.2.1　优化物流配送流程

（1）缩短配送时间

低空物流利用无人机在低空空域飞行，免受地面交通拥堵的影响，可实现快递快速送达。例如，城市中同样的配送任务，传统物流可能因堵车需要数小时，而无人机在几十分钟内即可完成。

（2）提高配送效率

无人机可根据预设航线和指令自主飞行，不受交通信号灯、道路施工等因素影响，能更高效地完成配送任务。

例如，江苏无锡邮政的无人机配送，相比传统陆运交通，运输时间缩短65%，运输成本降低了30%。

（3）实现精准配送

通过先进的导航和定位技术，无人机能够准确将快递送达指定地点，提高了配送的准确性和可靠性。

例如，美团的无人机城市低空物流网络，集成了飞控导航系统、多模感知系统等多项技术，确保无人机在城市复杂场景下安全、可靠运行，飞行范围为城市低空 120 米内的高度。经过超 20 万架次的飞行测试，已累计完成 2500 个订单的配送。

4.1.2.2　拓展物流配送空间

拓展物流配送空间表现在图 4-2 所示的三个方面。

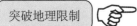

突破地理限制	对于一些偏远地区、岛屿或交通不便的区域，低空物流能够轻松突破地理障碍，将快递快速送达目的地。如安徽巢湖的姥山岛，利用无人机投送快递，比轮渡运输缩短了近 2 小时
开发三维空间	城市空中物流网络的建立，使物流配送从传统的地面二维空间拓展到三维空间，有效利用城市的低空空间资源，缓解了地面物流配送的压力
构建多层网络	低空物流作为城市空中物流网络的重要组成部分，与地面物流网络相互补充，形成多层次的物流配送体系，提高了城市物流的整体效率和服务水平

图 4-2　拓展物流配送空间的表现

4.1.2.3　推动物流产业升级

推动物流产业升级表现在图 4-3 所示的三个方面。

促进技术创新	培育新兴产业	提升行业标准
低空物流的发展需要无人机、导航、通信、智能控制等多种先进技术的支持，从而能推动相关技术不断创新和发展，为城市空中物流网络的建设提供技术保障	低空物流的兴起将带动一系列相关产业的发展，如无人机制造、航空电子设备生产、航空服务、物流运营等，形成新的产业集群，为城市经济发展注入动力	为确保低空快递安全、高效运行，需要一系列行业标准和规范的支持，这将促进整个物流行业向规范化、标准化方向发展，提升城市空中物流网络的运营质量

图 4-3　推动物流产业升级的表现

4.1.2.4　满足多样化物流需求

满足多样化物流需求表现在图4-4所示的三个方面。

即时配送	☞	随着生活节奏的加快，人们对配送的时效性需求不断增加。低空物流能够快速响应客户的需求，实现快递的即时配送
个性化服务	☞	低空物流可以根据客户的特殊需求，提供个性化的物流服务，例如，医疗物资的紧急配送、高端商品的专人配送等
特殊场景配送	☞	在一些特殊场景下，如自然灾害、突发事件等，地面交通可能会受到严重影响，低空物流能够发挥其独特的优势，为救援物资的配送提供有力支持，确保救援工作顺利开展

图4-4　满足多样化物流需求的表现

4.1.3　低空物流的应用场景

低空物流的产业链涵盖上、中、下游多个环节，市场资源也较为丰富，具体如下。

4.1.3.1　产业链条

（1）上游环节

低空物流上游环节的产业如表4-1所示。

表4-1　低空物流上游环节的产业

序号	产业	说明	举例
1	飞行器制造	包括无人机、小型电动飞机等低空飞行器的研发与制造。制造商需要具备先进的航空航天技术，以确保飞行器的性能安全可靠	例如，大疆、亿航等企业在无人机制造领域具有较高的知名度和市场份额
2	关键零部件生产	主要为飞行器提供核心组件，如电池、电机、飞控系统、传感器等。这些零部件的质量和性能直接影响飞行器的整体性能，例如，高性能的电池能够延长飞行器的续航时间，先进的飞控系统可以提高飞行的稳定性和精准度	例如，珠海银隆在电池生产方面有一定的技术优势，为低空物流飞行器提供动力支持

续表

序号	产业	说明	举例
3	通信技术支持	包括为低空物流飞行器提供数据传输和通信保障的技术和设备，包括卫星通信、5G 通信等。通过通信技术，可实现飞行器与地面控制中心之间数据的实时交互，确保飞行任务顺利进行	例如，中国移动积极参与低空物流通信技术的研发，推动 5G 技术在低空物流领域广泛应用

（2）中游环节

低空物流中游环节的产业如表 4-2 所示。

表 4-2　低空物流中游环节的产业

序号	产业	说明	举例
1	物流服务提供商	负责整合低空物流资源，提供货物收寄、运输、配送等一体化的物流服务，并根据客户需求，制定合理的物流配送方案	例如，顺丰、京东等大型物流企业已开始布局低空物流业务，利用自身的物流网络和技术优势，开展无人机配送试点项目
2	运营管理平台	通过信息化技术，对低空物流飞行任务进行实时监控、调度和管理。平台能够根据订单信息、飞行器状态、气象条件等因素，合理安排飞行路线和配送任务，提高物流运营效率和安全性	例如，一些专门的低空物流运营管理平台利用大数据和人工智能算法，实现智能的飞行调度和风险管理

（3）下游环节

低空物流下游环节的产业如表 4-3 所示。

表 4-3　低空物流下游环节的产业

序号	产业	说明	举例
1	终端客户	包括电商企业、快递企业、医疗机构、农业企业以及个人消费者等。他们是低空物流服务的需求方，低空物流产业不断发展与提升	例如，电商企业利用低空物流将商品配送到偏远地区或交通不便的区域，提高客户满意度；医疗机构通过低空物流运输紧急药品和医疗样本，为患者争取宝贵的治疗时间

续表

序号	产业	说明	举例
2	应用场景支持	为低空物流提供具体的应用场景和配套设施，包括城市中的物流配送站点、农村地区的农业作业基地、医疗机构的专用起降平台等。这些场景和设施的完善直接影响低空物流服务的落地和推广	例如，一些城市设置了专门的低空物流配送通道和站点，为无人机配送提供便利条件

4.1.3.2　市场资源

（1）政策资源

国家和地方政府出台了一系列支持低空经济发展的政策，例如，2021年的《国家综合立体交通网规划纲要》将低空经济纳入国家规划，2024年有27个省（市、自治区）在政府工作报告中提及低空经济发展，为低空物流的发展提供了政策指引和支持。

（2）企业资源

众多电商和物流头部企业，如美团、顺丰、京东等，纷纷加大对无人机物流领域的投入，布局低空物流市场。此外，还有大量的无人机制造企业、航空服务企业等，为低空物流的发展提供了技术和服务支持。

（3）技术资源

随着科技的不断进步，无人机技术、通信技术、导航技术、智能控制技术等不断发展和创新，为低空物流的高效、安全运行提供了保障。例如，无人机的续航能力、载重能力不断提升，导航精度和避障能力不断增强，智能调度系统能够更加高效地进行任务分配和路径规划。

（4）空域资源

随着低空空域管理改革的推进，空域资源逐渐得到释放，为低空物流的发展提供了广阔的空间。一些地区已经开展低空物流试点项目，规划了专门的低空飞行航线，为低空物流的商业化运营创造了条件。

4.1.3.3　应用场景

低空物流在快递配送、农产品运输、医疗物资输送、城市配送、低空货运、应急救援等领域具有广泛的应用。在一些偏远地区、山区、海岛及交通不便的地方，低空物流能够发挥其独特的优势，快速解决物流配送难题。

（1）城市商务办公区配送

城市商务办公区人员密集，快递需求量大，人们对配送时效要求较高。传统的地面配送在高峰时段容易因交通拥堵而延迟。无人机则可以直接从一栋写字楼的天台起飞，快速抵达另一栋写字楼，将原本需要数小时的配送任务缩短至几十分钟甚至更短。

例如，在上海陆家嘴金融区，一些快递公司利用无人机将重要文件、合同等物品在不同写字楼之间进行快速配送。

（2）城市居民小区配送

大型居民小区内的道路狭窄，车辆通行不便，快递员在配送时可能需要花费大量时间寻找收件人的地址。

例如，在深圳的一些大型小区，如桃源居小区，顺丰等快递公司开始尝试无人机配送。无人机先将包裹从小区外的配送点直接运送到小区内的指定地点，然后再由快递员进行"最后一公里"派送，大大提高了配送效率，减少了快递员在小区内的寻找时间。

（3）山区、海岛、乡村及偏远地区配送

山区、海岛、乡村和偏远地区的交通不便，道路条件差，传统物流很难到达，导致配送成本高、效率低，而低空快递可有效解决这些配送难题。

例如，在安徽巢湖的姥山岛，利用无人机投递快递，相较轮渡运输，总时长缩短近 2 个小时。在四川凉山州的一些偏远山村，中通等快递公司利用无人机开展快递配送服务。无人机能够跨越地形复杂的山区，将包裹快速送到村民手中，有效解决了这些地区长期以来的快递配送难题，让村民能够更便捷地购买商品。

（4）医疗急救物资配送

在医疗急救场景中，时间就是生命，一些紧急的医疗物资，如心脏起搏器、救命药品等，需要在最短的时间内送达医院。

例如，2023 年在江苏南京，一架无人机搭载着心脏起搏器，仅用 15 分钟就完成了从医院仓库到手术现场的配送。如果采用地面物流配送，在高峰时段可能需要 1 个小时甚至更长时间，而无人机配送则为患者的急救争取了宝贵的时间。

（5）应急救援物资运送

在发生自然灾害或突发事件时，地面交通可能会受到严重破坏，导致救援物资无法及时送达受灾地区。无人机能够在复杂的地形和恶劣的环境条件下飞行，快速将物资送到受灾群众手中，为应急救援工作提供有力支持。

例如，在 2024 年云南昭通的一次地震灾害中，京东等企业利用无人机将食品、饮用水、药品等应急救援物资运送到受灾严重的村庄。

4.1.4　低空物流产业的运营现状

4.1.4.1　发展态势良好

近年来，我国低空物流市场规模高速增长。2023 年，中国低空物流市场规模为 500 亿～600 亿元，同比增长 37%。《2024 中国低空物流发展报告》预测，2025 年低空物流市场规模将达到 1200 亿～1500 亿元，2035 年有望攀升至 4500 亿～6050 亿元。

低空物流已在快递配送、农产品运输、医疗物资输送等多个领域得到应用。例如，顺丰在粤港澳大湾区获批超 19 万平方公里的无人机低空城市物流网络空域，其无人机物流服务涵盖"同城即时送"和"跨城急送"。在农产品产区，无人机可将刚采摘的水果及时运送至附近的物流中心。在医疗领域，无人机已在合肥、杭州、成都等 40 个城市完成紧急血液配送任务超 2500 次，为数千名患者争取了宝贵的时间。

4.1.4.2　政策支持有力

近年来，国家出台了一系列政策，助力低空经济发展，为低空物流营造了良好的政策环境。2021 年，《国家综合立体交通网规划纲要》将"低空经济"纳入国家规划。2024 年，交通运输部、国家发展改革委印发的《交通物流降本提质增效行动计划》提出，积极发展无人机配送等商业化应用。地方政府也纷纷出台政策，例如，南京出台新政推动低空经济发展，包括建设市级低空飞行服务平台等；深圳开拓"低空 + 物流"领域，支持发展"空地联运"物流运输，2024 年新增无人机货运航线 94 条，累计已超 200 条，载货飞行超 60 万架次。

4.1.4.3　技术创新赋能

随着无人机、eVTOL 等低空飞行器技术的不断突破，以及人工智能、大数据、5G 等技术的广泛应用，低空物流的安全性、可靠性和效率不断提升。例如，借助人工智能技术可实现无人机自主飞行、智能避障和路径规划；运用大数据技术能对物流需求进行精准预测，合理优化物流配送方案；5G 技术可实现无人机与地面控制中心的实时通信，提高飞行的安全性和效率。

4.1.4.4　产业融合加速

加速低空物流与其他产业的融合，构建新的产业生态。例如，与智慧城市建设结合，为城市交通管理、应急救援等提供新的解决方案；与农业结合，实现农药喷洒、农产品采摘和运输一体化服务；与制造业结合，用于零部件配送和产品运输，提高生产效率。

4.1.5　低空物流面临的挑战与应对策略

4.1.5.1　低空物流面临的挑战

目前，低空物流产业面临诸多挑战，如表 4-4 所示。

表 4-4　低空物流产业面临的挑战

领域	问题	说明
空域管理方面	审批流程复杂	低空空域管理涉及民航、军航等多个部门，存在职责交叉情况，使审批流程比较烦琐。新航线从申请到获批往往需要数月，原有航线的微小调整也需重新报批，这样制约了低空经济空域资源的高效开发，影响了物流企业网络布局和航线优化的进度
	缺乏差异化管理	现行审批政策未充分体现差异化管理，没有根据不同场景、载重、高度等设置不同的审批流程。随着民用无人机数量的快速增长，当前审批机制已难以满足行业发展需求，对企业季节性运力调整和航线优化的响应空间有限

续表

领域	问题	说明
人员管理方面	操控人员不足	无人机操控人员需掌握无人机驾驶技术以及航空气象、空域管理等专业知识。但在行业网络规模快速扩张的过程中，专业人才培养速度滞后，尤其是偏远地区和新开发航线的区域，高素质操控人才引进和培养困难
	维护人员匮乏	无人机日常维护和故障检修需要有机械、电子、软件等多领域知识背景的复合型人才。然而，目前我国持有无人机操控执照的人数占比低，专业人才缺口大；在低空航线规划、空域管理等领域，高端人才供需失衡；而且现有从业人员的知识结构和技能水平难以适应新型无人机的维护要求，持续培训和技能提升也面临挑战
安全保障方面	空域环境复杂	城市低空空域建筑物密集、电力线网密布，无人机穿越建筑群、避让障碍物的风险大。现有的空地协同设施尚未形成完善的空域监测和预警网络，空管系统对无人机飞行轨迹的实时跟踪和动态预警能力不足。如遇恶劣天气和复杂地形，实时监测和预警机制的响应速度和准确性有待提高
	信息交互不畅	空地信息交互和数据共享机制不完善，空地协同指挥平台覆盖率低，导致无人机与地面设施、车辆之间的数据交互不顺畅。各类感知设备和通信系统之间缺乏统一的数据标准和信息接口，在配送高峰期，任务调度和应急处置压力大。遇到恶劣天气和突发事件时，跨系统的协同指挥和应急响应机制需要加强
技术支持方面	续航能力不足	当前无人机的续航里程普遍较短，一般在几十公里以内，难以满足长距离物流运输需求。小型运输机和直升机虽然续航能力相对较强，但也受到燃油效率、电池技术等方面的限制，需要不断研发新的能源技术来提高其续航能力和运营效率
	载重限制	无人机的载重能力有限，通常只能配送小件、轻量级物品。对于重量较大的货物，需要更大载重能力的飞行器，但目前相关技术还不够成熟，限制了低空物流在大宗商品运输领域的应用
成本效益方面	运营成本高	运营初期，无人机和小型飞行器的购置成本、维护成本以及人员培训成本较高。同时，建设配套的起降场地、充电设施等也需要大量资金投入，导致整体运营成本居高不下，影响了低空物流的经济效益和商业推广
	盈利模式不成熟	目前低空物流的市场规模相对较小，尚未形成成熟的盈利模式。物流企业需要在提高服务质量、扩大市场份额的同时，探索合理的收费标准和商业模式，以实现可持续发展

续表

领域	问题	说明
法律 法规 方面	规范不完善	截至目前，针对无人机等设备的专门性法律规范并不完善，在低空飞行中，各方的权利与义务难以明确。这使得低空物流在运营过程中缺乏明确的法律依据和规范，可能导致一些纠纷和安全问题无法得到有效解决

4.1.5.2　应对策略

为应对低空物流产业面临的挑战，可从表 4-5 所示的几个方面着手。

表 4-5　低空物流产业所面临挑战的应对策略

领域	对策	说明
优化 空域 管理	简化审批流程	建立统一的低空物流空域管理协调机构，明确各部门职责，减少交叉管理。推行线上一站式审批平台，整合申请、审核、批复等流程，提高审批效率。例如，可参考国外先进经验，设立专门的低空交通管理部门，统一负责低空物流相关空域的审批与管理
	实施差异化管理	依据飞行区域、飞行器类型、载重、飞行高度等因素，制定差异化的审批制度。对城市中心人口密集区的低空物流飞行严格把控，而对偏远地区、特定园区等相对安全的区域则适当放宽审批条件
加强 人才 培养	高校联合培养	鼓励高校开设低空物流相关专业，如无人机操控与维护、低空航线规划等，将理论教学与实践操作相结合，为低空物流产业输送专业人才。例如，高校可与物流企业合作建立实习基地，让学生在学习期间就能参与低空物流项目的开发
	企业内部培训	低空物流企业可定期组织内部员工进行培训，邀请行业专家授课，提升员工的业务技能；同时建立人才激励机制，鼓励员工自我提升，对取得相关专业证书的员工给予奖励
强化 安全 保障	完善监测系统	构建空地一体化的低空飞行监测网络，运用雷达、卫星遥感、无人机探测等技术，实现对低空飞行的实时监控。在城市关键区域和物流繁忙区域加密监测设备，提高监测精度和范围
	加强协同机制	建立无人机与地面交通、气象、航空管制等部门的信息共享与协同机制，遇到恶劣天气、突发事件时能迅速调整飞行计划。制定统一的应急处置预案，定期组织演练，提高应对突发情况的能力

续表

领域	对策	说明
突破技术瓶颈	加大研发投入	政府和企业加大无人机续航、载重等关键技术的研发投入，鼓励科研机构与企业合作，开发高性能电池、新型动力系统，提高飞行器的续航里程和载重能力。例如，政府可设立专项科研基金，支持相关技术的研发
	推动技术创新	积极探索人工智能、大数据、5G 等技术在低空物流中的应用，实现智能飞行、自主避障、精准配送等功能，提高物流配送的效率和准确性。例如，利用人工智能算法优化飞行路线，根据实时路况和气象条件动态调整飞行计划
提升成本效益	降低运营成本	通过规模化采购、优化供应链管理，降低飞行器购置成本；建立标准化的维护保养体系，降低维护成本。同时，合理规划物流网络，提高设备利用率，降低单位运营成本
	探索盈利模式	除传统的物流配送外，探索多元化盈利模式，如与电商平台、快递公司合作开展增值服务，提供限时配送、定制化包装等服务，增加收入来源。还可考虑与广告商合作，在飞行器上投放广告等
完善法律法规	健全法规体系	加快制定和完善低空物流相关的法律法规，明确飞行器的资质认证、飞行规则、安全标准、责任界定等内容，为产业发展提供法律依据。借鉴国际先进的经验，结合我国实际情况，制定适合低空物流发展的法律框架
	加强执法监管	建立专门的执法队伍，加强对低空物流飞行的日常监管，严厉打击违规飞行行为，保障空域安全和公共安全。利用信息化手段提高执法效率，实现对飞行器的实时追踪和违规行为的快速查处

4.2 旅游观光：低空旅游与空中摄影的兴起

低空旅游与空中摄影的兴起为旅游和摄影行业带来了新的发展机遇和增长点，推动了相关产业的融合发展，如低空旅游与住宿、餐饮、文化等产业融合，空中摄影与广告、影视制作等行业融合等。同时，也为游客和摄影爱好者提供了独特的体验和创作方式，丰富了人们的生活。

4.2.1　低空旅游与空中摄影兴起的原因

低空旅游与空中摄影的兴起主要有以下几个原因。

4.2.1.1　政策支持

2014 年，国务院出台《关于促进旅游业改革发展的若干意见》，首次提出"鼓励探索低空飞行旅游"。2025 年，政府工作报告提出，推动低空经济等新兴产业安全健康发展。中共中央办公厅、国务院办公厅印发的《提振消费专项行动方案》也提出，有序发展低空旅游、航空运动、消费级无人机等低空消费。这些都为低空旅游与空中摄影的发展提供了政策依据和支持。

4.2.1.2　技术进步

通用航空技术的发展和普及，让低空旅游在技术和成本上具备了可行性。无人机技术不断成熟，操作稳定性以及拍摄画质都有了极大的提升，使空中摄影更加容易实现。

4.2.1.3　需求多样化

人们生活品质不断提升，对旅游体验和拍摄创作的需求日益多样化。低空旅游能为游客提供独特的视角和感受，空中摄影则能让摄影师和摄影爱好者从空中捕捉画面和景观，满足了人们对新奇体验和独特视觉效果的追求。

4.2.1.4　宣传推广

新媒体日益兴起，通过网络达人的短视频、飞行实况直播以及旅游类综艺、纪录片等的宣传，可让更多人关注低空旅游与空中摄影。

4.2.2　低空旅游商业化发展

低空旅游商业化是指在低空空域依托通用航空运输、通用航空器和低空飞行器开展旅游活动，并将其作为一种商业项目进行开发和运营的过程。

4.2.2.1　低空旅游的定义及特点

低空旅游是指利用低空飞行器（如直升机、热气球、滑翔伞、动力伞、电动垂直起降飞行器等），在距离地面较低的空域（一般在 1000 米以下）进行的旅游活动，让游客从空中俯瞰地面的自然景观、城市风光、历史遗迹等，为游客提供独特的视觉体验和旅游感受。图 4-5 是低空旅游的主要特点。

 **独特的视角** 能让游客以全新的、居高临下的视角欣赏风景，看到在地面上难以察觉的美景全貌和细节，如山川的蜿蜒走势、城市的布局规划、海岸线的曲折轮廓等，给人带来强烈的视觉冲击和新奇感

灵活性高 低空飞行器小型轻便，对起降场地的要求较低，不需要大型机场的跑道及复杂设施。一些直升机、热气球等在小型广场、空旷草地、海边沙滩等较为开阔的场地即可起降。这使得低空旅游能够更容易地深入到一些偏远或交通不便的地区，为游客提供更加多样化的选择

 **体验性强** 低空旅游不仅仅是一种观光方式，更是一种充满刺激和乐趣的体验活动。例如，乘坐滑翔伞或动力伞在空中自由翱翔，与大自然亲密接触，游客能感受到风的吹拂和飞行的快感，这种独特的体验是传统旅游方式难以提供的

 **个性化服务** 可以根据游客的需求和偏好，提供定制化的旅游服务。比如，游客可以根据自己感兴趣的景点或区域，选择特定的飞行路线；也可以根据自己的时间安排，灵活选择飞行日期；还可以预订私人包机服务，享受更加私密的、专属的旅游体验

图 4-5　低空旅游的主要特点

 **相关链接** ⋯⋯⋯⋯⋯⋯⋯⋯⋯⋯⋯⋯⋯⋯⋯⋯⋯⋯⋯⋯⋯⋯⋯⋯⋯⋯⋯⋯

低空旅游给当地环境和生态带来的影响

低空旅游可能会给当地环境和生态带来多方面的影响，具体如下。

一、负面影响

噪声污染：低空飞行器（如直升机、小型飞机等）在飞行过程中会产生较大的噪声，这可能会干扰景区周边居民以及野生动物的正常生活。对于野生动物而言，噪声污染可能会导致它们改变栖息、觅食和繁殖地点，甚至影响其繁殖成功率和幼崽成活率。例如，在一些鸟类保护区，低空飞行器的噪声可能会使鸟类受到惊吓，导致它们放弃巢穴或停止育雏。

空气污染：部分低空飞行器使用传统燃油作为动力来源，燃油燃烧会排放出二氧化碳、氮氧化物、颗粒物等污染物质，从而对当地的空气质量产生一定影响，尤其是在低空飞行较为集中的地方。长期来看，还会对当地的生态系统造成破坏，影响植物的光合作用和生长，进而影响整个生态系统的平衡。

生态破坏：低空旅游的发展需要建设一些配套设施，如停机坪、游客接待中心等，这可能会占用一定的土地资源，导致植被被破坏、土地利用方式改变。此外，游客的大量涌入也会对当地的生态环境造成影响，如践踏草地、破坏土壤结构等，破坏生态系统的稳定性和生物多样性。

视觉污染：低空飞行器在天空中飞行时，可能会破坏自然景观的原始形态，对游客的视觉体验产生一定的干扰。特别是在一些以自然风光为主的景区，低空飞行器的频繁出现可能会让游客感到突兀，影响他们对自然景观的欣赏。

二、正面影响

提升环保意识：通过低空旅游，游客可以从空中俯瞰当地的自然景观和生态环境，更直观地感受大自然的美丽和脆弱，从而增强环境保护意识和责任感。这样会促使游客在旅游过程中更加注重保护环境，同时也会带动当地居民和社会各界对环保的重视。

加大生态保护投入：低空旅游的发展可以为当地带来经济收入，这些收入的一部分又可以投入到生态保护工作中，例如，加强对自然保护区的管理和监测、开展生态修复项目、提高环境质量等，从而提高当地的生态环境治理水平。

促进生态保护宣传：低空旅游作为一种新兴的旅游方式，具有较高的关注度和影响力。通过开展低空旅游项目，可以将当地的环保理念和成果进行宣传和推广，吸引更多的人关注生态保护事业，提高公众的环保参与度。

4.2.2.2 低空旅游商业化的模式

低空旅游商业化主要有以下模式。

（1）景区观光模式

依托著名的自然景区或人文景区，开发低空观光航线，让游客从空中欣赏景区的美景。例如，阳朔展卓通用航空基地开通了十里画廊、遇龙河、漓江等经典空中游览航线，游客可乘坐直升机在空中俯瞰桂林山水的独特风光。该模式的优劣势如图4-6所示。

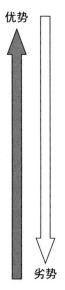

依托知名景点，客源有保障：借助景区的知名度和客流量基础，能够吸引众多游客尝试低空旅游项目，降低市场推广成本
景观独特，体验感强：游客可以从空中欣赏景区的全貌和独特的景观，如张家界的奇峰异石、九寨沟的五彩湖泊等。这种独特的视角能为游客带来强烈的视觉冲击和难忘的体验
运营相对稳定：景区的运营相对规范，基础设施较为完善，并且受季节和天气变化的影响相对较小，有利于低空旅游项目的长期运营

优势

劣势

空域限制大：许多景区位于自然保护区、军事管理区或人口密集区域附近，可能会面临严格的空域管制，限制了飞行线路和高度，影响了低空旅游项目的开发
对景区环境有潜在影响：低空飞行可能会产生噪声，对景区的生态环境和游客体验造成一定干扰
易受景区客流量影响：如果景区游客数量受季节、突发事件等因素影响较大，那么低空旅游的经营风险相对较高

图4-6 景区观光模式的优劣势

（2）城市体验模式

在城市区域，通过开通低空飞行线路，让游客观赏到城市的全貌、标志性建筑等。例如，深圳罗湖区的"大梧桐低空花游"活动，创新推出"政府引导 ＋

市场运作"惠民航空模式，整合航司资源，制定高频次、短途化的航线，让游客从空中观赏城市景色。该模式的优劣势如图 4-7 所示。

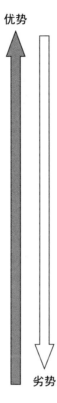

市场需求广泛：城市拥有大量的本地居民和外来游客，市场基数大，对低空旅游的潜在需求也较大。尤其是商务旅行者和年轻人，他们对新鲜事物的接受度高，更愿意尝试低空旅游这种独特的体验
配套设施完善：城市的交通、住宿、餐饮等配套设施齐全，能够为游客提供便利的服务，提高游客的整体体验。同时，城市的基础设施也有利于低空旅游项目的运营和管理
品牌效应显著：城市的地标性建筑和景点众多，低空旅游可以将这些串联起来，形成独特的城市空中观光线路，有助于提升城市的知名度和品牌形象，吸引更多的游客和投资方

空域管理复杂：城市上空的空域通常较为繁忙，涉及民航客机、直升机、无人机等多种飞行器的飞行以及军事训练，空域管理难度大，飞行许可的申请程序复杂，可能会影响低空旅游项目的运营效率和灵活性
安全风险较高：城市人口密集，建筑物众多，低空飞行一旦出现安全事故，可能会造成严重的人员伤亡和财产损失。因此，需要投入大量的资金和技术来确保飞行安全，增加了运营成本和难度
噪声污染问题突出：低空飞行产生的噪声容易对城市居民的生活造成干扰，引发居民的不满和投诉。特别是在居民区、学校、医院等区域附近，噪声问题更加突出，需要采取有效的降噪措施，这也会增加运营成本

图 4-7　城市体验模式的优劣势

（3）综合旅游模式

将低空旅游与其他旅游项目和服务进行深度融合，形成综合性的旅游模式。比如，一些地方的低空旅游项目会与当地的酒店、旅行社合作，推出包含低空飞行、住宿、餐饮、地面旅游等服务在内的套餐产品。该模式的优劣势如图 4-8 所示。

（4）主题活动模式

结合各类主题活动，推出低空旅游体验服务，可增强活动的吸引力和独特性。例如，阳朔县借助铁人三项赛、徒步越野赛等户外赛事活动，助推阳朔低空旅游产业的发展。该模式的优劣势如图 4-9 所示。

产品丰富，满足多元需求：将低空旅游与其他旅游项目和服务相结合，如酒店住宿、地面交通、餐饮娱乐、文化体验等，能够为游客提供一站式服务，满足不同游客的多样化需求，提高游客的满意度和忠诚度

协同效应明显：各旅游项目之间相互促进、相互补充，形成协同效应。例如，低空旅游可以为酒店、旅行社等带来更多的客源，而酒店和旅行社的宣传推广也可以提高低空旅游项目的知名度，共同推动旅游产业的发展

抗风险能力较强：由于业务多元，当某一旅游项目受到市场波动、季节变化或突发事件影响时，其他项目可以在一定程度上进行弥补，从而降低整体经营风险，提高企业的抗风险能力

运营管理难度大：涉及多个旅游项目的整合与协调，需要专业的管理团队和丰富的管理经验，对运营管理的要求较高。如果管理不善，可能会出现各项目之间衔接不畅、服务质量参差不齐等问题，影响游客的体验

资金投入大：综合旅游模式需要多个领域的投资，包括低空飞行器的购置、酒店设施的建设、旅游线路的开发等，前期资金投入较大，对企业的资金实力和融资能力要求较高

市场定位复杂：产品和服务的多元化使得市场定位相对复杂，需要针对不同的目标客户群体制定不同的营销策略和产品组合。如果市场定位不准确，可能会导致产品缺乏针对性，难以满足特定客户群体的需求，从而影响市场竞争力

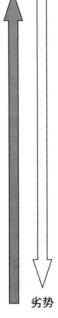

图 4-8　综合旅游模式的优劣势

活动吸引力强：结合各类主题活动开展低空旅游项目，如音乐节、体育赛事、文化节等，可以吸引大量游客参与，提高低空旅游项目的曝光度和客流量

营销效果好：主题活动通常会吸引媒体关注和报道，为低空旅游项目提供了免费的宣传机会，有利于提升品牌知名度和影响力。同时，低空旅游与主题活动合作，可以推出有针对性的营销活动，如主题套餐、优惠活动等，提高游客的参与度和消费意愿

体验独特：在主题活动的氛围中参与低空旅游项目，游客能够获得更加独特和难忘的体验。例如，在音乐节期间乘坐热气球俯瞰现场的热闹场景，或者在体育赛事期间从空中观看比赛，都能让游客获得全新的体验

时间局限性强：主题活动通常有特定的时间和周期，低空旅游项目只能在活动期间开展，运营时间相对较短。活动结束后，客流量可能会大幅下降，企业需要寻求其他方式来维持运营，否则会出现设备闲置、人员浪费等问题

依赖于活动的效果：低空旅游项目的成功与否在很大程度上取决于主题活动的受欢迎程度和举办效果。如果主题活动组织不善、参与人数较少或出现安全事故，可能会影响低空旅游项目的运营和收益

准备工作复杂：为了配合主题活动，低空旅游企业需要在活动策划、场地布置、安全保障、人员培训等方面开展大量的准备工作，并且要与活动主办方密切协调，工作难度大，复杂度高。如果准备工作不到位，可能会影响活动的顺利进行

图 4-9　主题活动模式的优劣势

4.2.2.3 低空旅游商业化的发展现状

低空旅游作为新兴的经济形态，正处于快速发展阶段。

（1）政策支持力度大

2024 年被视为"低空经济元年"，2025 年政府工作报告提出了推动低空经济等新兴产业安全健康发展，中共中央办公厅、国务院办公厅印发的《提振消费专项行动方案》也提出有序发展低空旅游产业。同时各地纷纷出台相关政策，如三亚下发了《三亚市促进低空旅游发展暂行办法》，为低空旅游产业的发展提供了有力的政策保障。

（2）市场潜力大

随着人们生活水平的提高和消费观念的转变，越来越多的人开始追求个性化、多样化的旅游体验。据统计，近八成的受访用户表示期待低空文旅项目。从产业规模来看，中国民航局预测：2025 年低空经济市场规模将达 1.5 万亿元，其中低空旅游占比超 40%。

（3）产业基础逐步完善

截至 2024 年 11 月底，中国通航企业达到 744 家，在册通用航空器 3226 架，通用机场 470 个；无人机运营企业近 1.9 万家，国内注册无人机 215.8 万架。2024 年 1～11 月，传统通航飞行 123 万小时，近 3 年来年均增速约 12%；无人机飞行 2544.9 万小时，同比增长 15.3%。

（4）区域发展不均衡

部分经济发达的地区或旅游资源丰富的地区，如北京、山东、海南、江西等地，低空旅游的发展较为迅速，推出了多种低空旅游产品；而一些经济相对落后或旅游资源开发程度较低的地区，低空旅游的发展则相对缓慢。

4.2.2.4 低空旅游商业化的发展趋势

（1）市场规模扩大

随着政策的逐步放开和技术的不断进步，低空旅游的市场规模呈现出快速增长的趋势。2023 年，低空旅游飞行载客量已攀升至约 60 万人次，远超往年，这标志着低空旅游正步入快速发展期。未来几年，随着人们对低空旅游体验的需求不断增加以及低空旅游的逐渐普及，其市场规模有望持续扩大，成为旅游市场的重要组成部分。

（2）产品多样化

低空旅游产品将越来越多样化，除传统的空中观光游览外，还会涌现出空中婚礼、空中研学、空间电影等创新项目。同时，随着无人机和电动垂直起降飞行器（eVTOL）等设备的成熟，低空旅游的应用场景也将进一步拓展，例如，现代科技与传统文化结合，为游客带来更丰富、独特的体验。

（3）产业融合加深

低空旅游是低空经济与旅游融合衍生的业态，未来低空旅游与其他产业的融合将不断加深。例如，与文化、体育、农业、林业等产业结合，打造独具特色的低空旅游项目，包括低空文化交流、低空赛事、"低空＋运动"的航空飞行营地、"低空＋培训"的专业飞行培训基地等，形成多元化的产业发展格局。

（4）技术持续进步

一方面，新型低空载人航空器的技术不断精进，有助于降低运营成本、提高运营效率。另一方面，5G-A、北斗导航、数字孪生等新技术将在低空旅游领域得到更广泛的应用，实现智能化管理，提升管理水平，保障飞行安全，优化运营流程。

（5）区域协调发展

经济发达、交通便利、旅游资源丰富的东部沿海地区，低空旅游市场发展迅速。而西部地区独特的自然景观和民族风情也吸引了大量游客，低空旅游成为推动西部地区旅游业发展的重要力量。未来，不同地区将根据自身的资源优势和发展条件，实现差异化、特色化发展，同时各区域之间加强合作，实现全国范围内低空旅游产业的协调发展。

（6）政策支持力度加大，监管不断完善

国家和地方政府对低空经济的支持力度将不断加大，未来可能会出台更多具体的政策，简化低空飞行审批流程，拓展低空消费场景，为行业发展提供制度保障。同时，监管部门也会加快完善低空飞行监管体系，明确审批流程和安全标准，确保低空旅游行业安全健康地发展。

（7）运营模式优化

低空旅游运营方将更加注重用户需求，制定差异化策略，精准触达目标市场，针对不同客群的消费偏好与需求，开发个性化的产品和服务。同时，依托新媒体与影视媒介，构建多维度曝光体系，提升品牌声量与市场渗透率。此外，还会通过技术融合，不断提升运营效率，降低运营成本。

4.2.2.5　低空旅游商业化面临的问题及对策

低空旅游商业化面临着诸多问题，以下是一些主要问题及相应的对策。

（1）空域限制

低空旅游需按流程申请飞行空域，且经常受军民航飞行活动的影响，因此限制了经营范围和时间。

针对这一问题的对策是，优化空域管理，加强军地协同，完善空域资源共享和运行机制。推动相关部门进一步开放空域，简化低空飞行审批流程，提高空域使用率。例如，划定特定的低空旅游空域或试点区域，在保障安全的前提下，允许低空旅游飞行器在该区域相对自由地飞行。

（2）基础设施薄弱

通用机场建设成本高，中央资金和政策支持力度不足，社会资本投资意愿不强，地方财政压力大，导致通用机场、直升机起降点等基础设施的建设滞后，影响了低空旅游的布局和发展。

针对这一问题，中央和地方政府应加大对基础设施建设的资金和政策支持，如给予建设补贴、税收优惠等。鼓励社会资本参与，通过 PPP 等模式吸引企业投资建设通用机场、直升机起降点等设施。同时，合理布局基础设施，根据旅游资源分布和市场需求，优先在旅游景区、交通枢纽等周边建设起降场地。

（3）安全监管难度大

低空飞行的安全监管需大量的地面监视通信基站，但目前国内低空监视设备的标准与航空器监视通信设备的强制安全标准不统一，部分机型后期难以加装，无法满足飞行安全监管需求。

针对这一问题，需要统一低空监视设备标准和航空器监视通信设备强制安全标准，推动相关企业对现有机型进行设备升级或研发符合标准的新机型。同时，加大地面监视通信基站的建设力度，提高对低空飞行的监控能力。建立健全低空旅游安全监管制度和应急预案，加强对飞行活动的全程监管和安全检查，确保飞行安全。

（4）人才短缺

低空经济领域人才缺口大，如飞行员、低空旅游产品驾驶员、维修技术员、运营管理人员等，缺乏跨学科、重实践的复合型人才，制约了低空旅游业务的拓展和服务质量的提升。

为解决人才短缺的问题，应加强人才培养和引进。在高校增设低空经济产业相关专业，如飞行器运维工程、低空技术与工程、低空旅游管理等，培养专业的技术和管理人才；校企合作，共同制定人才培养方案、建立实习实训基地，实现人才培养与产业需求的无缝对接；同时，出台优惠政策，吸引国内外优秀的低空经济人才，包括飞行员、技术专家、运营管理人才等，为低空旅游发展提供人才保障。

（5）市场认知度低

低空旅游作为新兴业态，市场整体规模离预期尚有差距；消费者对其了解有限，参与度不高，还未形成社会化、行业性的消费模式；市场吸引力和用户黏性较低。

旅游企业应加强市场推广和营销，利用互联网、社交媒体、旅游展会等多种渠道，加强低空旅游的宣传，提高市场认知度。同时，开发多样化的低空旅游产品，满足不同消费群体的需求，如空中观光、飞行体验、空中婚礼等特色项目。与旅行社、景区等合作，将低空旅游纳入旅游项目中，通过联合推广、优惠套餐等方式，吸引更多游客参与。

（6）运营成本高

目前低空旅游主要借助直升机等设备，投资大、噪声大，对场地要求高，投资运营和维护保养成本较高，导致产品价格偏高，限制了消费群体的规模。

针对这一问题，应推动技术创新，鼓励研发和应用成本更低、更环保、更安全的低空旅游飞行器，如电动垂直起降飞行器（eVTOL）等。优化运营管理流程，提高设备利用率和运营效率，降低运营成本。同时，通过补贴等方式，对低空旅游企业进行扶持，降低其运营压力，从而降低产品价格，扩大市场规模。

4.2.2.6 低空旅游商业化的成功案例

以下是低空旅游商业化的一些成功案例。

甘肃张掖丹霞景区低空旅游项目

项目概况：甘肃省公路航空旅游投资集团有限公司与张掖市政府合作，以张掖丹霞国家5A级旅游景区为载体，打造"七彩丹霞——中国彩虹山""中国最佳低空旅游目的地"等低空旅游产品，在景区开通直升机、动力伞、热气球等多种低空游览项目。

成功因素：依托张掖丹霞通用机场（甘肃省首个A1类通用机场），因机场硬件条件良好，专业服务品质高，吸引了30余家国内知名通航企业入驻。此外，地方政府"全要素保障+全周期服务"以及省公航旅集团"全产业链布局+全场景创新"的规划安排，为项目发展提供了有力支持。该项目年游客接待量连续3年超过1.5万人次。政府还举办了多届"中国·张掖七彩丹霞国际热气球节"，助力景区游客接待量上升至260万人次，以年均30%的增速位居全省单个旅游景区游客接待量首位，成为西北地区特色旅游的新名片。

海南低空旅游布局

项目概况：海南拥有独特的产业优势、地理条件和自贸港政策优势，全年可飞行天数超过300天，是低空空域改革试点和空域精细化管理改革试点省份。本地注册的通航企业超过160家，常驻外地企业近50家，产业集聚效应良好。同时，海南省政府积极支持低空旅游项目开发，推出一系列优惠政策。例如，海南省旅游投资集团有限公司与广州亿航智能技术有限公司合作，计划在海南省重点区域布局空中交通网络，开发沉浸式低空游览产品，并推进智能飞行器在交通运输等领域的创新应用；小鹏汇天也将在海南探索飞行汽车的应用及商业化场景。

成功因素：丰富的热带雨林、海岸线和海洋资源为开发多样化低空旅游产品提供了条件；政策支持吸引了众多企业和投资者；EH216-S无人驾驶载人航空器等先进设备的应用，为游客带来了独特体验。

湖北武汉汉阳打造低空生态中心

项目概况："汉阳—阳新"首条城际观光航线于2025年4月10日在汉阳造低空生态中心正式开通。未来，这里将成为武汉无人机的"航空枢纽"。政府将逐步打造武汉"1+8"城际半小时低空旅游圈，计划2年内开通10条航线，通过"空中走廊"构建华中低空文旅立体交通网。

成功因素：作为中部地区的中心城市，武汉具有良好的区位优势和市场潜力。吨级eVTOL（电动垂直起降飞行器）等先进航空器的应用，展示了低空旅游的发展潜力和科技实力，为项目发展提供了技术支撑。

四川南充七坪寨飞凡滑翔伞营地

项目概况：顺庆区七坪寨景区推出了无动力滑翔伞、动力滑翔伞两个体验项目，同时还开展培训、游学等业务。自2023年7月以来，已成功接待游客1000余人次。

成功因素：制定了多元化业务协同发展策略，在旅游旺季，重点开展游客带飞服务；淡季则以培训业务为主，同时与景区深度合作开展游学活动，有效平衡了不同时期的资源分配，实现了资源的优化利用，满足了不同客户群体的多样化需求。

4.2.3　空中摄影经济

随着无人机技术的发展，其在旅游、广告、影视、新闻等多个领域得到了广泛应用。无人机航拍具有超视距、远程遥控、便利灵活、机动性强等特点，相机与无人机的一体化趋势也使空中拍摄更加便捷和专业。

4.2.3.1　空中摄影经济的模式

空中摄影经济主要有商业服务、旅游摄影、自媒体与电商、测绘与数据服务四种发展模式。

（1）商业服务模式

商业服务模式是指将空中摄影与各类商业机构紧密结合，根据客户的特定需求提供定制化的空中摄影服务。这类服务的专业性要求高，需按照广告、影视、房地产等不同行业的标准和风格进行拍摄。该模式的优劣势如图4-10所示。

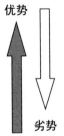

优势	劣势
客户通常为企业或机构，对价格的敏感度相对较低，更注重作品的质量和效果，因此利润空间较大，长期合作的客户能为运营企业带来稳定的收入，有助于其树立品牌形象和开发市场	对摄影团队的专业技术和创意能力要求极高，运营企业需要不断更新设备和提升人员技术水平来满足客户日益增长的需求。同时，商业项目的竞争激烈，运营企业需要具备强大的市场推广能力和人脉资源

图 4-10　商业服务模式的优劣势

（2）旅游摄影模式

旅游摄影模式是将空中摄影与旅游体验相结合，以旅游景区为依托，为游客提供独特的摄影服务。这种模式注重游客的参与感和体验感，拍摄内容以自然风光、人文景观为主。该模式的优劣势如图 4-11 所示。

随着旅游业的蓬勃发展，游客对个性化体验的需求不断增加，旅游摄影具有广阔的市场前景。运营企业可以与景区、旅行社等合作，借助其资源进行推广，降低营销成本

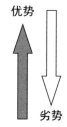

受季节和天气影响较大，旅游淡季或恶劣天气的业务量会明显下降。此外，游客的摄影需求多样且不确定，需要为其提供多种拍摄套餐和服务项目，这增加了运营管理的难度

图 4-11　旅游摄影模式的优劣势

（3）自媒体与电商模式

自媒体与电商模式是指借助互联网平台，通过优质的空中摄影内容吸引粉丝和流量，实现商业价值的转化。拍摄内容具有较强的自主性和创新性，应根据自媒体账号的定位和受众群体的特点进行个性化创作。该模式的优劣势如图 4-12所示。

初始投资相对较小，主要集中在设备购置和内容创作上。通过社交媒体的传播，能够快速扩大运营企业的影响力和知名度，并形成品牌效应，使变现变得较为容易，如广告合作、品牌赞助、电商带货等

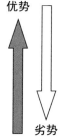

需要投入大量的时间和精力进行创作和运营，要想在众多自媒体账号中脱颖而出并非易事。同时，自媒体平台的规则和算法不断变化，使内容的传播和账号的发展具有一定的不确定性

图 4-12　自媒体与电商模式的优劣势

（4）测绘与数据服务模式

测绘与数据服务模式以提供高精度的测绘数据和专业的地理信息服务为主，服务对象主要为政府部门、科研机构和相关企业。数据的准确性和专业性是该模式的关键，运营企业需要严格遵循相关行业标准和规范。该模式的优劣势如图4-13所示。

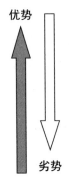

测绘与数据服务的市场需求相对稳定，随着城市建设、土地规划、资源勘探等领域的发展，其对测绘与数据服务的需求持续增长。与其他模式相比，该业务相对专业，一旦运营企业建立起专业口碑，客户忠诚度较高

优势

劣势

对技术设备和专业人才的要求非常高，运营企业需要不断投入资金进行技术研发和设备更新。而且项目获取通常需要经过严格的招投标程序，竞争比较激烈，取得难度较大。此外，数据的处理和分析需要耗费大量的时间和精力，对工作效率和质量的要求很高

图 4-13　测绘与数据服务模式的优劣势

4.2.3.2　空中摄影经济的现状

（1）应用广泛

空中摄影经济涵盖多个领域。在广告与营销方面，一些企业为提升品牌形象和产品宣传效果，常借助空中摄影来制作独特的广告片和宣传海报。在影视制作中，空中摄影为电影、电视剧等的拍摄提供了全方位的视角。房地产行业也会利用空中摄影来展示楼盘的整体风貌和周边环境，以促进销售。

（2）市场规模扩大

随着无人机技术的不断进步和普及，空中摄影的成本逐渐降低，市场需求不断增大。据相关市场研究机构数据显示，近年来空中摄影商业市场规模呈现逐年扩大的趋势，预计未来几年仍将保持较高的增长率。

4.2.3.3　空中摄影经济的发展趋势

（1）技术创新驱动

无人机技术的持续发展是空中摄影经济发展的重要驱动力。无人机的飞行性能不断提升，如续航能力增强、飞行稳定性提高、避障功能优化等，使空中摄影更加安全、便捷和高效。同时，摄影设备不断升级，如高分辨率相机、专业级镜头以及先进的影像传感器等，能够拍摄出更高质量的照片和视频。

（2）行业融合加深

空中摄影将与更多行业深度融合，创造出更多的商业价值。例如，将空中摄影与旅游行业结合，开发出空中旅游摄影项目，为游客提供独特的体验；与农业、林业等行业结合，进行农作物监测、森林资源调查等，实现精准管理。

4.2.3.4　空中摄影经济面临的挑战与应对措施

空中摄影经济在发展过程中面临着多方面的挑战，以下是一些主要挑战及应对措施。

（1）法规政策方面

空中摄影经济在法规政策方面的挑战与应对措施如图 4-14 所示。

挑战	应对措施
（1）我国对无人机飞行有着严格的法规限制，包括飞行空域、高度、资质要求等。空中摄影服务需要具备相应的资质许可，但审批流程比较烦琐，从而增加了运营成本和时间成本，限制了业务开展的范围和灵活性 （2）法规政策不断更新，需要运营企业及时了解和执行新规定，否则可能面临违规风险和处罚	（1）运营企业应安排专人实时跟踪政策动态，及时了解最新的要求和规定。并与相关政府部门保持密切沟通，积极参与行业协会组织的活动，以便在政策制定过程中表达自己的诉求，争取更有利的政策条款 （2）严格按照法规要求办理各类许可证和手续，确保飞行活动合法合规。对操作人员进行培训，提高他们的法律意识，避免因违规操作而带来风险

图 4-14　空中摄影经济在法规政策方面的挑战与应对措施

（2）安全风险方面

空中摄影经济在安全风险方面的挑战与应对措施如图 4-15 所示。

挑战	应对措施
（1）无人机飞行易受天气条件（如大风、暴雨、雷电等）、电磁环境、设备运行等因素影响，如果发生飞行事故，会造成人员伤亡和财产损失 （2）在人员密集区域或重要设施附近进行空中摄影时，如果发生意外，可能会造成严重后果，所以安全责任重大	（1）加强对无人机设备的维护和保养，定期进行检查和调试，确保设备处于良好的运行状态。同时，配备备用设备，以应对突发情况 （2）操作人员在飞行前应详细了解天气情况，避免在恶劣天气条件下飞行。在飞行过程中，应密切关注飞行数据和设备状态，遇到异常情况及时采取措施，如紧急降落或返航等。此外，运营企业还应购买相应的商业保险，以降低因意外事故带来的经济损失

图 4-15　空中摄影经济在安全风险方面的挑战与应对措施

（3）市场竞争方面

空中摄影经济在市场竞争方面的挑战与应对措施如图4-16所示。

挑战	应对措施
（1）随着空中摄影经济的不断发展，越来越多的企业和个人进入该领域，市场竞争日益激烈，价格竞争成为常见手段，导致行业利润空间不断压缩 （2）客户对空中摄影的需求日益多样化和个性化，对服务质量和创意水平要求越来越高，运营企业需要不断提升，以满足客户需求	（1）运营企业应注重品牌建设，通过高质量的服务和优秀的作品树立良好的品牌形象，提高自身的知名度和美誉度，减少对价格竞争的依赖 （2）加强人才培养和引进，组建专业的摄影团队和创意团队，不断提升技术水平和创新能力，能够根据客户的不同需求提供个性化的解决方案。同时，积极拓展业务领域，寻找新的市场空间，如与新兴行业合作开展特色空中摄影项目，以扩大市场份额

图4-16　空中摄影经济在市场竞争方面的挑战与应对措施

（4）技术发展方面

空中摄影经济在技术发展方面的挑战与应对措施如图4-17所示。

挑战	应对措施
（1）空中摄影技术发展迅速，新的无人机技术、摄影设备和后期处理软件不断涌现。运营企业需要不断投入资金和时间进行技术更新和人员培训，否则可能会因技术落后而被淘汰 （2）一些高端空中摄影项目对技术水平要求极高，如高质量的全景视频、复杂的飞行轨迹等，运营企业需要具备相应的技术才能承接此类项目	（1）制定技术提升战略，定期评估市场上的新技术和新设备，根据自身的发展需求和客户定位，有针对性地进行技术升级和设备更新 （2）加强与科研机构、高校等的合作，开展技术研发和创新活动，提升自身的技术研发能力。同时，为员工提供技术培训和学习机会，鼓励他们参加行业研讨会和技术交流活动，不断提升技术水平和专业素养

图4-17　空中摄影经济在技术发展方面的挑战与应对措施

4.3　空中交通：电动垂直起降飞行器的商业化探索

城市空中交通是一种新型的出行模式，它利用电动垂直起降飞行器（eVTOL）等先进的航空设备，在城市的低空空域开辟交通通道，以实现人员和小型货物的快速运输。

4.3.1　城市空中交通的特点

城市空中交通具有图 4-18 所示的特点。

高效快捷	灵活机动	绿色环保
能够免受地面交通拥堵的影响，直接从出发地飞往目的地，大大缩短了出行时间。例如，在早晚高峰时段，地面交通可能需要花费数小时才能到达，而空中交通仅需几十分钟甚至更短的时间	垂直起降飞行器可以在相对较小的空间内垂直起降，不需要依赖大型机场的跑道。这使得城市中的许多地点，如楼顶平台、城市广场、公园等，都可以作为起降点，方便飞行器在城市内快速穿梭	大多数垂直起降飞行器都采用电动驱动系统，相比传统的燃油动力飞行器，具有更低的噪声和更少的尾气排放，对城市环境更加友好

图 4-18　城市空中交通的特点

4.3.2　城市空中交通的应用场景

4.3.2.1　空中出租车服务

作为城市空中交通的核心应用，空中出租车致力于为城市居民和游客打造快速、便捷的点对点空中运输服务，有效破解了交通拥堵难题，大幅缩短了长距离出行时间。

例如，从广州天河区至白云机场，在高峰时段，地面交通常需要 1.5 ～ 2 小时，而亿航智能的 EH216-S 空中出租车仅需约 20 分钟。

EH216-S 是全球首个获得适航"三大通行证"的 eVTOL，在亚洲市场有累计超过 545 架的订单储备，其无人驾驶模式、安全稳定的飞行性能，为乘客提供了高效、舒适的出行体验，也为城市空中交通树立了标杆。

4.3.2.2　城际通勤

在城际通勤场景下，城市空中交通成为连接城市与城市的空中桥梁，极大方便了商务人士等群体在不同城市之间往返。

例如，峰飞航空科技的"盛世龙"电动垂直起降航空器便是典型代表，该航空器已完成全球首条跨海跨城航线（深圳至珠海）的公开演示飞行，将原本 2.5 ~ 3 小时的地面行程缩短至 20 分钟。

"盛世龙"计划开通从城市商业枢纽到机场的线路，未来，从深圳宝安机场到珠海横琴商务中心，商务人士乘坐"盛世龙"可快速抵达，节省了大量的时间成本，提升了城际商务交流效率。

4.3.2.3　旅游观光

旅游观光是城市空中交通极具吸引力的应用场景，游客可以从空中俯瞰城市美景和自然景观，感受前所未有的体验。

例如，在桂林，游客乘坐 eVTOL，能够以全新角度欣赏漓江的喀斯特地貌，体会"舟行碧波上，人在画中游"的别样意境；在张家界，游客可以将三千奇峰、八百秀水尽收眼底，感受大自然的鬼斧神工。此外，在上海、成都等城市，也推出了城市空中观光项目，游客可从空中观赏繁华都市的天际线、地标建筑，让旅游增添了独特的魅力。

4.3.3　城市空中交通的发展现状

在全球范围内，城市空中交通的商业化正逐步推进。在中国，广州、深圳等城市已走在前列。

例如，广州多家头部企业加速探索低空出行服务的运营场景，高域与如祺出行签订了战略合作协议，推动飞行汽车融入出行服务生态。

国外有许多企业正在积极研发和试点城市空中出行项目，例如，德国 Volocopter 公司的 VoloCity 在一些城市进行空中出租车的测试运行。

同时，各国政府也积极出台相关政策和法规，支持城市空中交通的发展。例如，中国《通用航空装备创新应用实施方案（2024～2030 年）》提出，要推进 eVTOL 等新型消费通用航空装备适航取证，支持智慧空中出行装备发展。

 **相关链接**〈···

国内eVTOL领域的政策与发展规划

在 eVTOL 领域，国家出台了一系列支持政策，有着明确的发展规划，具体如下。

一、政策支持

（一）国家层面

工业和信息化部等四部门联合印发的《通用航空装备创新应用实施方案（2024～2030 年）》提到，支持智慧空中出行装备发展，推进 eVTOL 等新型消费通用航空装备适航取证，构建无人机质量保障及安全验证体系，推动形成一批支撑适航审定的工业标准。鼓励龙头企业带动上下游企业共同开展标准研究，探索形成产品研制、场景构建、示范运行一体化的商业模式。

（二）地方层面

1. 深圳

深圳组建了低空经济发展工作领导小组，出台了《低空经济产业创新实施方案》，同步启动低空领域的立法工作。对低空经济相关企业在资金、场地等方面给予支持，鼓励企业开展技术创新和应用示范。

2. 上海

上海发布的《上海打造未来产业创新高地发展壮大未来产业集群行动方案》提出，到 2030 年打造未来空间产业集群，推动 eVTOL 研发和产业化发展，依托其科技和产业优势，在资金扶持、人才吸引等方面出台政策。

3. 雄安新区

在《雄安新区关于支持低空经济产业发展的若干措施》中，对新落户开展 eVTOL 相关业务的企业、科研院所等创新主体，按实缴注册资本给予落户奖励，对公共服务平台建设给予资助，对专业人才实行"特岗特薪"等。

二、发展规划

（一）产业规模目标

《通用航空装备创新应用实施方案（2024～2030年）》提出，到2030年，通用航空装备全面融入民众生产生活各领域，成为低空经济增长的强大推动力，形成万亿级市场规模。

（二）应用场景拓展

支持依托长三角、粤港澳等重点区域，以eVTOL为重点开展应用示范，鼓励探索构建立体交通低空航线网络，培育商务出行、空中摆渡、私人包机等载人空中交通新业态，推动eVTOL在城市空运、物流配送、应急救援、低空旅游、城市观光等领域的应用。

（三）技术创新方向

瞄准无人化、智能化方向，攻克精准定位、感知避障、自主飞行、智能集群作业等核心技术，鼓励企业建设集智能调度、动态监测、实时情报等为一体的飞行服务系统。

4.3.4　电动垂直起降飞行器的商业化发展趋势

电动垂直起降飞行器的商业化发展呈现图4-19所示的趋势。

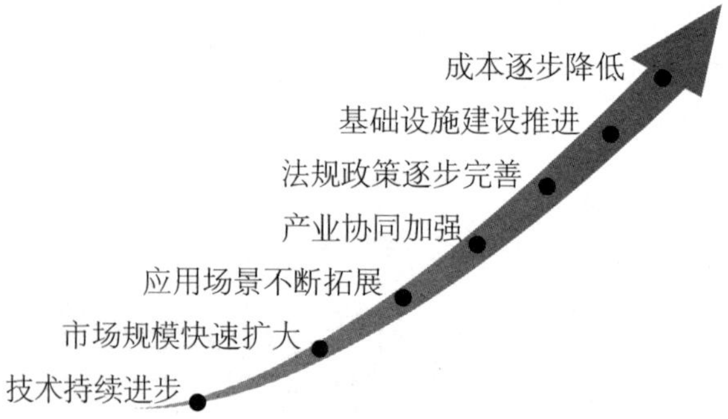

图4-19　电动垂直起降飞行器的商业化发展趋势

成本逐步降低
基础设施建设推进
法规政策逐步完善
产业协同加强
应用场景不断拓展
市场规模快速扩大
技术持续进步

4.3.4.1　技术持续进步

（1）动力系统优化

电动推进系统不断改进，包括更高效的电动机、电池系统和功率管理系统，可以提升飞行器的续航能力、速度和有效载荷。

（2）自动驾驶技术融合

随着自动驾驶技术的发展，eVTOL 将越来越紧密地与之融合，以降低人为失误风险，提高飞行的安全性和运营效率。

4.3.4.2　市场规模快速扩大

据预测，全球 eVTOL 的市场规模将快速扩大。到 2030 年，市场规模预计将从 2023 年的 17 亿美元增长到 390 亿美元，2024～2030 年的复合年增长率为 36.8%。中国在全球城市空中交通市场中所占份额预计将达到 20%～25%。

4.3.4.3　应用场景不断拓展

eVTOL 应用场景的拓展表现在图 4-20 所示的几个方面。

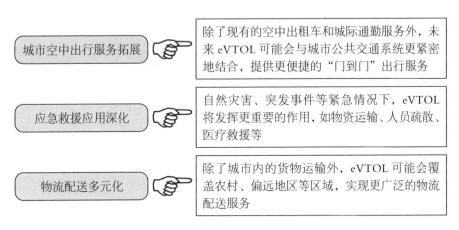

图 4-20　eVTOL 应用场景拓展的表现

4.3.4.4　产业协同加强

eVTOL 企业将与汽车制造商、科技公司、航空公司、能源企业等加强合作。例如，汽车制造商可提供制造工艺和供应链管理经验，科技公司可提供电子技术和自动驾驶解决方案，航空公司可提供运营和服务经验，能源企业则可致力于电池技术研发和充电设施建设。

4.3.4.5　法规政策逐步完善

随着 eVTOL 商业化的推进，各国政府将加快制定和完善相关法规政策，包括适航标准、飞行规则、空域管理等，为 eVTOL 的安全运营和市场拓展提供保障。

4.3.4.6　基础设施建设推进

为了支持 eVTOL 的大规模商业化运营，未来会建设更多的起降场地、充电设施等基础设施。同时，还会建立完善的空中交通管理系统，确保 eVTOL 与其他航空器的安全有序运行。

4.3.4.7　成本逐步降低

随着技术的成熟、生产规模的扩大以及产业链的完善，eVTOL 的生产成本和运营成本有望逐渐降低，经济效益和市场竞争力将逐步提升。

　相关链接‹···

国内eVTOL领域有代表性的企业

国内 eVTOL 领域有不少有代表性的企业，以下是一些主要企业的介绍。

一、亿航智能

2014 年在广州创立，是全球首个获得适航"三大通行证"的 eVTOL 机型制造商。业务涵盖空中交通、智慧城市管理及空中媒体等领域。主要产品有 EH216-S 系列和 VT-30 系列，EH216-S 于 2023 年获得了中国民航局颁发的型号合格证、标准适航证，2024 年获得了生产许可证，在亚洲市场已拥有累计超过 545 架的订单储备。

二、沃飞长空

是吉利控股集团的子公司，2020 年 9 月成立，专注于全球低空智慧交通飞行器的研发与商业化运营。产品包括 AE200、轻型飞行汽车 VoloCity 和车载无人机 HOCO 01 PRO 等。AE200 是一款 5 ～ 6 座的 eVTOL，采用纯电驱动、垂直起降和固定翼平飞等技术，2022 年取得国内首张有人驾驶载人 eVTOL 型号合格证的受理申请通知书，2023 年完成超亿元的 A 轮和 A+ 轮融资。

三、小鹏汇天

其前身为东莞市江天科技有限公司，于 2013 年成立，2016 年开启飞行汽车原型机测试飞行，2020 年获得小鹏汽车投资后，小鹏汇天正式成立。产品经历六代以上更新，包括 eVTOL 与陆空两栖车两种形态，如旅航者 T1、X1、X2 以及分体式飞行汽车"陆地航母"等。2023 年 1 月，旅航者 X2 获得国内特许飞行许可证，同年 3 月在广州 CBD 区域完成低空飞行任务。2024 年小鹏汇天在 CES 展会上宣布，"陆地航母"将于 2024 年年底接受预订，2025 年第四季度开始量产交付。

四、峰飞航空

2019 年在上海创立，并在德国设立了欧洲适航中心，在美国建立了北美商业中心，核心研发制造基地在中国。掌握着超高功重比电机电控技术和大型机身轻量化高强度碳纤维复材核心技术。2024 年 3 月 22 日，V2000CG 无人驾驶航空器系统荣获中国民用航空华东地区管理局颁发的型号合格证，成为全球首个吨级以上获得合格认证的 eVTOL 型号。旗下的盛世龙和凯瑞鸥两款产品正逐步开拓市场。

五、沃兰特

2021 年 6 月成立于上海，专注于 eVTOL 的研发与制造。VE25-100 机型已进入型号合格审定流程，全尺寸技术验证机 VE25 X1 已完成试飞任务。首款产品 VE25 起飞重量为 2.5 吨，可搭载 1 名驾驶员和 5 名乘客。2023 年 9 月，型号合格证申请获得民航华东局的受理，与多家行业领军企业签署了战略合作协议及意向订单，共计 700 架飞行器，意向金额高达 175 亿元左右。

六、万丰奥威

2001 年 9 月于浙江成立，2024 年 2 月宣布，将与知名汽车主机厂携手进行 eVTOL 研发工作，涵盖原型机开发、电池系统设计以及适航认证等环节。子公司万丰钻石，拥有 18 款机型产权，产品线覆盖教练机、私人消费机以及特殊用途的 MPP 飞机，主力机型订单已排至 2025 年。

七、亿维特

2022 年 1 月创立于南京，专注于研发与制造载人 eVTOL，为城市空中交通提供了解决方案。创始人团队参与过运 8 系列、ARJ21、C919 以及多款中大型无人机的设计、研发和制造工作。已完成 ET9 原型机首飞任务，正推进适航验证流程，并且与领航复材达成战略合作协议，是国内首家与中国航空工业下属子公司签订战略合作协议的 eVTOL 企业。

八、御风未来

2021 年 4 月成立，专注于 eVTOL 的研发，团队主力成员曾参与国产大飞机 C919 和运 20 等项目。其研发的 Matrix 1 是全国产化的纯电动复合翼构型垂直起降飞行器。2024 年 1 月 10 日，中国民用航空华东地区管理局受理了其 M1B 型电动垂直起降无人驾驶航空器系统的型号合格证申请，为其商业化运营奠定了基础。

九、时的科技

是国内载人倾转旋翼 eVTOL 研发领域的先行者。2024 年 3 月完成 A 轮融资，获 2000 万美元投资，这将助力其在中东推动"空中出租车"应用场景的实现。已赢得国内多家运营商数百架意向订单，并积极拓展海外市场，与"一带一路"沿线地区建立紧密联系。

十、山河星航

是山河智能旗下子公司，1999 年由中南大学教授何清华创立，2002 年进入通用航空领域。与大众汽车集团（中国）合作，成功试制首款电动垂直起降载人飞行器原型机 V.MO Flying Tiger。

4.4 城市规划：低空视角下的空间与基础设施规划

在低空经济蓬勃发展的当下，低空视角为城市规划带来了新的思考维度。

4.4.1　低空视角下的空间规划

低空视角下的空间规划是城市规划的一个新兴领域，通过合理利用城市低空空间，可提高城市空间利用效率，满足日益增长的低空交通、物流、旅游等需求。

4.4.1.1　低空视角下空间规划的业务范畴

（1）空域划分

① 飞行高度分层：根据不同类型低空飞行器的性能和使用需求，将低空空间划分为不同的高度层。

例如，0 ~ 100 米高度层用于开展城市内短途无人机配送、低空观光等活动；100 ~ 500 米高度层用于空中出租车、直升机等载人飞行器的运行。这样可以避免不同飞行活动之间相互干扰，提高飞行安全性和效率。

② 功能区域划分：结合城市的分区，划分不同的低空飞行功能区域。

例如，在商业区、居民区等人口密集区域，设置限制飞行区域，严格控制低空飞行器的飞行活动，以保障居民的生命财产安全；在工业园区、物流园区等区域，规划专门的物流飞行区域，允许无人机和小型货运飞机进行货物运输作业；在旅游景区，则可以开辟低空旅游观光区域，设计特定的飞行路线，让游客能够欣赏到独特的风景。

（2）飞行路线规划

① 交通流量分析：对城市人口分布、经济活动、交通需求等进行深入分析，了解不同区域之间的人员和物资流动情况，并以此为基础规划低空飞行路线。

例如，在城市中心与机场、火车站等交通枢纽之间，规划空中出租车或通勤直升机的快速运输路线，方便旅客快速到达目的地；在商业区与仓储区之间，设置物流无人机的运输路线，提高货物配送效率。

② 避开障碍物：充分考虑高楼大厦、山脉、河流、桥梁等障碍物，规划飞行路线时尽量避开这些区域；或者根据障碍物的高度和特点，设计合适的飞行高度和绕飞路径。

例如，穿越山脉或高楼密集区时，可以选择较高的高度飞行；跨越桥梁时，要确保飞行高度与桥梁的高度和跨度相适应，以免发生碰撞事故。

（3）起降场地布局

① 根据需求选址：根据城市的服务需求和低空飞行器的类型，合理选址建设起降场地。对于空中出租车和通勤直升机，起降场地应靠近城市中心区、交通枢纽或商务中心等人员密集、出行需求大的区域。对于物流无人机，起降场地可以设置在物流园区、工业园区或城市边缘的空旷地带，以满足货物运输的需求，同时减少对城市居民的影响。

例如，在城市的中央商务区建设直升机停机坪，方便商务人士快速出行。

② 考虑周边环境：起降场地的布局要充分考虑周边的自然环境和社会环境。

例如，不要在居民区附近设置直升机起降点，以减少噪声污染对居民生活的影响。应选择地势平坦、视野开阔的区域作为起降场地，确保飞行器安全起降；同时，要考虑起降场地与周边道路、停车场等交通设施的衔接，方便人员出行和货物集散。

（4）与地面空间协同

① 交通衔接：加强低空空间与地面交通的衔接，实现不同交通方式的无缝换乘。

例如，在机场、火车站等交通枢纽附近设置低空飞行器起降点，与地铁、公交、出租车等交通方式紧密结合，方便旅客在不同交通模式之间快速转换，提高出行效率。在城市商业区，将低空飞行器的起降场地与地下停车场、地面步行街等相衔接，形成"空中＋地面"的立体交通网络，缓解地面交通的压力。

② 设施共享：充分利用城市现有的基础设施，实现低空空间与地面空间的设施共享。

例如，在不影响正常使用的情况下，可以将城市中的一些广场、公园等空旷场地设置为临时无人机起降点或低空飞行活动区域；还可以利用城市的路灯杆、通信基站等设施，安装无人机充电装置、导航设备等，为低空飞行器提供便利的服务，同时减少对城市空间的占用。

4.4.1.2　低空视角下空间规划的作用

低空视角下的空间规划具有多方面的作用，主要如下。

（1）经济发展

① 催生新兴产业：低空视角下的空间规划能够带动一系列新兴产业的发展，如低空飞行器制造、航空物流、空中旅游、航空教育培训等。这些产业的发展将创造大量的就业机会和经济效益，促进产业结构优化与升级。

例如，空中旅游推出独特的旅游线路和产品，可以吸引更多游客，推动旅游业发展，同时也为相关配套产业如酒店、餐饮等带来新的机遇。

② 提升物流效率：通过发展低空物流，利用无人机等低空飞行器进行货物配送，可以实现更快速、高效的物流运输，尤其是在城市内部和一些交通不便的地区。这样还有助于降低物流成本，提高物流配送的时效性和准确性，促进电子商务等行业的发展。

例如，在一些偏远山区或海岛，低空物流可以解决物资运输难题，保障居民的基本生活，同时也为当地特色产品的外销提供了便利。

③ 促进城市商业发展：低空空间规划可以为城市商业活动带来新的活力。

例如，在城市中心区域设置低空飞行器起降点，方便商务人士快速出行，有助于提升城市的知名度，吸引更多企业投资。此外，低空广告、空中表演等商业活动也可以借助低空空间规划得到更好的发展，为城市商业增添新的亮点。

（2）社会发展

① 缓解交通拥堵：低空交通作为地面交通的补充，可以缓解城市交通拥堵问题。空中出租车、通勤直升机等低空交通工具能够在短时间内将乘客送达目的地，减少地面交通的压力。特别是在高峰时段，低空交通可以避免拥堵，提高出行效率，为人们的日常出行提供更多选择。

② 提升应急救援能力：在自然灾害、突发事件等紧急情况下，低空飞行器可以快速进行现场救援和物资运输。

例如，无人机可以对受灾区域进行勘察，为救援人员提供准确的信息；直升机可以吊运救援物资、转移伤员，提高应急救援的效率和成功率，最大限度地减少人员伤亡和财产损失。

③ 丰富公众的生活：低空空间规划的发展为公众带来了更加多元化的生活体验。空中旅游、飞行体验等活动让人们能够从不同的角度欣赏城市和自然景观，满足人们对新奇事物探索的需求。同时，航空文化活动的开展也可以增加公众对航空航天知识的了解和兴趣，培养航空航天人才，推动航空文化的普及和发展。

 相关链接‹···

各国低空视角下空间规划的成功做法

各国在低空视角下的空间规划领域有许多成功的经验和做法，具体如下。

1. 美国

（1）灵活开放的空域分类与管理：将空域划分为 A 类（高空管制空域）、B 类（繁忙终端管制空域）等五大类，其中，E 类空域是低空空域的主要组成部分，也是通用航空和无人机活动的主要区域。针对低空空域的政策和管理，相对灵活和开放，促进了低空飞行活动的开展。

（2）完善的法规体系：先后出台实施了《联邦航空法》《联邦航空条例》《低空空域改革法案》等政策法规，对低空空域配置、运行规则、安全管理等内容进行了明确，并根据国内通用航空和无人机的发展和特点，动态完善和修订相关政策法规。

（3）科学的低空分层划设：美国航空航天局（NASA）提出分层划设的概念，将相对空旷的高层空域（真高 600 米以上）划设为固定翼无人机运行空间，低层空域（真高 120～600 米）为多旋翼无人机的运行空间，真高 120 米以下为消费级无人机的运行空间。

2. 欧洲部分国家

（1）细致的空域划分与管理：将空域划分为 A 类（高空管制空域）、B 类（终端管制空域）、C 类（低空空域）三大类，C 类空域是通用航空和无人机活动的主要区域。欧洲天空一体化空中交通管理（SESAR）联合执行体提出，将低空空域划设为 X、Y、Z 三类，分别面向不同的运行场景。

（2）严格的无人机管理：在无人机低空飞行方面，采取较为严格的管理制度，明确了飞行高度、速度、航向等方面的要求。各国根据自身发展的实际情况制定了差异化、特色化的无人机管理法规标准。各国早期分别制定严格的飞行规则和审批程序，后期在电子飞行计划（ECAC）的框架下，共同制定和执行低空空域管理政策法规。

（3）先进的空域管理理念：荷兰国家航空航天实验室与代尔夫特理工大学提出自由、分层、径向及管状空域概念，为不同任务及性能的无人机提供不同的空域运行模式，以提高空域利用效率和飞行安全性。

3.新加坡

（1）合理的低空空域分区：南洋理工大学将低空空域划分为禁飞区、商业区和居住区，为每个区域设立第三方管理主体，并由该主体管理企业间的无人机飞行活动。

（2）高效的飞行管理措施：在单独区域内，通过划设无人机管状航路，采取预先飞行计划，缓解企业间的飞行冲突，提升空域飞行的可控性、安全性。

4.4.1.3　低空视角下空间规划的发展现状

低空视角下空间规划在我国尚处于起步阶段，但发展迅速，呈现出以下状态。

（1）规划体系逐步建立

随着低空经济的发展，低空规划作为国土空间规划的新领域逐渐兴起。2025年3月，娄底市审议通过全国首个市级低空国土空间概念规划，创新性提出"四维管控，分层分区分时"低空空域管理体系，对低空空域（真高 3000 米以下）实行分层管理，还提出了低空基础设施保障体系、低空应用场景体系、低空产业布局规划等内容。同时，广西国土资源规划设计集团有限公司牵头的部省合作项目"国土空间低空空域规划编制关键方法研究"获自然资源部立项，着重探索形成低空空间权属划分、规划编制、地空协同规划使用体系等核心技术与方法。

（2）基础规划不断完善

在国土空间规划方面，全国省级国土空间规划已全部获批实施，各级各类规划取得阶段性进展。在国家批复的城市中，南京、广州等 22 个城市的国土空间规划已经获得批复，超过 85% 的市县级国土空间总体规划也获批实施。区域（流域）国土空间规划的编制报批也取得突破性进展，黄河流域、京津冀、成渝地区双城经济圈等区域（流域）的国土空间规划已编制完成，正在抓紧报批。这些基础规划的不断完善，为低空视角下的空间规划提供了坚实的保障。

（3）技术应用逐渐深入

在低空规划中，越来越多的技术得到应用。例如，娄底市的低空国土空间概念规划将依托大数据和 GIS 技术，广西的部省合作项目也将结合实景三维、地理空间大数据、人工智能等技术。这些技术的应用有助于各地更科学地进行低空空间规划，提高规划的准确性和可行性。

（4）产业发展前景广阔

低空经济作为国家战略性新兴产业，发展前景广阔。2023 年，我国低空经济规模已超过 5000 亿元，预计到 2030 年有望达到 2 万亿元。低空空域是低空经济的承载空间，随着低空经济的快速发展，对低空空间规划的需求也将不断增加。这将推动低空规划不断完善，更好地促进低空经济产业布局和发展。

不过，我国低空视角下的空间规划也存在一定的不足。目前还没有低空规划技术标准，在空域管理、安全隐私等方面还面临一些挑战。需构建空域与土地协同规划机制，优化土地资源配置，建立智慧空管系统，并完善人机交互治理规则等，以推动低空经济与城市功能的深度融合。

4.4.1.4　低空视角下空间规划的发展趋势

低空视角下空间规划的发展趋势如下。

（1）规划体系与标准不断完善

规划体系与标准不断完善表现在图 4-21 所示的方面。

（2）技术创新推动规划优化

技术创新推动规划优化表现在图 4-22 所示的方面。

（3）产业融合与协同发展

产业融合与协同发展表现在图 4-23 所示的方面。

規划层级细化

随着低空经济的发展，低空空间规划将从宏观概念向更具体的层级细化，如针对特定区域（城市中心、郊区、山区等）和特定领域（物流、旅游、公共服务等）的专项低空规划，以满足不同场景下空间的利用需求

标准规范建立

低空规划技术标准缺失的情况将得到改善，包括空域划分、基础设施建设、飞行安全等内容的标准和规范会逐步建立起来，以确保低空空间规划的科学性和一致性

图 4-21　规划体系与标准不断完善的表现

数据融合与智能分析

利用大数据、人工智能、地理信息系统（GIS）等技术，整合低空飞行数据、地理空间数据、社会经济数据等，实现对低空空间使用状况的实时监测和智能分析，为规划决策提供精准依据。例如，通过分析城市交通流量、人口分布等数据，合理规划低空物流航线和起降点，提高物流效率

三维可视化模拟展示

借助三维建模、虚拟现实（VR）、增强现实（AR）等技术，实现低空空间的三维可视化展示和飞行模拟，帮助规划者和决策者更直观地理解低空空间布局，评估规划方案的可行性和效果。比如，在规划城市空中观光路线时，通过三维模拟技术，可以提前观看飞行视角下的城市景观，确定最佳路线和高度

图 4-22　技术创新推动规划优化的表现

与低空经济产业协同

低空空间规划将紧密围绕低空经济产业的发展需求，如飞行器制造、低空物流、空中旅游、城市空中交通等，合理布局产业园区、起降设施、飞行航线等，促进产业集聚和协同发展，形成完整的低空经济产业链。例如，在物流园区附近设置低空物流专用起降点，实现货物的快速转运

与其他领域融合

加强与城市规划、交通规划、旅游规划等领域的融合，实现"地面—低空"立体空间的协同发展。例如，在城市规划中，将低空交通设施与地面交通枢纽相衔接，方便人员和货物的换乘与转运；在旅游规划中，结合景区特色设计低空游览路线，提升旅游体验

图 4-23　产业融合与协同发展的表现

（4）应用场景不断拓展与深化

应用场景不断拓展与深化表现在图4-24所示的方面。

公共服务领域拓展

在应急救援、医疗救护、城市巡逻、森林防火等公共服务领域，低空飞行的应用将更加广泛和深入。低空空间规划将注重这些特殊飞行任务的空间和设施需求，提高公共服务的效率和质量。例如，规划专门的应急救援空中通道，确保在紧急情况下救援飞行器能够快速抵达现场

消费与生活场景丰富

随着公众对低空经济接受度的提高，低空消费场景如空中观光、低空旅游、城市空中出租车等将不断涌现。低空空间规划将根据市场需求，合理布局相关设施和航线，满足人们多样化的消费和生活需求。比如，在城市中建设空中出租车停靠站点，方便居民出行

图4-24 应用场景不断拓展与深化的表现

（5）环境保护与可持续发展意识增强

环境保护与可持续发展意识增强表现在图4-25所示的方面。

生态保护优先

在低空空间规划时，将更加注重生态环境保护，防止低空飞行活动对自然保护区、生态脆弱区等敏感区域造成破坏。通过合理划定禁飞区、限飞区等，保障生态系统的完整性和生物的多样性

绿色发展导向

鼓励采用环保型的低空飞行器，减少噪声、尾气等的污染。在规划基础设施建设时，充分考虑节能减排和资源循环利用，推动低空经济绿色可持续发展。例如，推广使用电动垂直起降飞行器（eVTOL），降低碳排放；在机场建设中采用节能型建筑材料和设施

图4-25 环境保护与可持续发展意识增强的表现

4.4.2 低空视角下的基础设施规划

低空视角下的基础设施规划是一项复杂而系统的工程，需要综合考虑多方面因素，实现低空空间的合理利用和可持续发展。

4.4.2.1 低空视角下基础设施规划的内容

低空视角下基础设施规划的内容如表4-6所示。

表 4-6　低空视角下基础设施规划内容

内容	细分	说明
起降设施规划	机场与起降点布局	根据不同地区的飞行需求和特点，合理规划通用机场、直升机起降点以及无人机起降场等。在城市地区，可利用公园、广场、楼顶等空间设置小型起降点，以便开展城市空中交通、应急救援等活动。在旅游景区，可根据客流量和景点分布，规划专门的直升机或无人机起降点，方便游客观光旅游
	机场规模与配套设施建设	对于通用机场，应根据服务对象和预期业务量，规划跑道长度、停机坪面积、航站楼规模等。同时，配套建设导航设施、加油设施、维修保障设施等，确保机场正常运营。对于小型起降点，也要配备必要的标识、照明设备以及简单的安全防护设施
空中交通管理设施规划	空管系统建设	建立完善的低空空中交通管理系统，包括空中交通管制中心、雷达监测站、通信基站等设施。通过先进的雷达技术和通信手段，实现对低空飞行器的实时监测和指挥调度，确保飞行安全和秩序
	导航与定位设施建设	加强卫星导航系统在低空领域的应用，同时建设地面增强型导航设施，如差分 GPS 基站等，提高导航定位的精度。在山区、偏远地区等信号较弱的区域，合理配置导航辅助设施，以保障飞行安全
能源补给设施规划	加油加气设施建设	对于通用航空飞行器，根据燃料类型，建设相应的加油加气站。在机场周边或飞行活动频繁区域，合理布局加油站和加气站，确保飞行器能够及时获得燃料补给。同时，也要考虑燃料储存和运输等安全问题，采取必要的安全防护措施
	充电设施建设	随着电动飞行器的广泛应用，充电设施的规划也尤为重要。在城市中，可在停车场、物流园区等场所，设置无人机充电点。对于大型无人机运营企业，可设立专门的充电中心，配备快速充电设备和智能充电管理系统，提高充电的效率和安全性
数据与通信设施规划	数据传输网络构建	构建高速、稳定的数据传输网络，实现低空飞行器与地面控制中心、运营企业之间数据的实时传输。可利用 5G、卫星通信等技术，确保飞行数据、图像信息等及时准确地传输，为飞行监控、调度管理等提供支持
	通信基站布局	根据低空飞行活动的范围和密度，合理布局通信基站，确保信号覆盖无死角。在山区、偏远地区等通信信号薄弱的区域，可建设卫星通信终端或小型基站，加强信号传输。同时，要保障通信设施的安全性和可靠性，防止信号干扰和中断

续表

内容	细分	说明
安全保障设施规划	障碍物标识与防护设施设置	对于低空飞行区域内的障碍物，如高楼大厦、铁塔、高压线等，应设置明显的标识和警示装置，如航空障碍灯、反光标识等。对于一些可能对飞行安全构成威胁的障碍物，要采取必要的防护措施，如设置防护网、限制飞行高度等
	气象监测设施建设	应建设气象监测站，实时监测低空区域的气象条件，包括风速、风向、气温、气压、降水等。并对气象数据进行分析，为飞行活动提供气象预警服务，提醒相关方提前做好应对恶劣天气的准备，保障飞行安全

在进行低空视角下基础设施规划时，应充分考虑低空飞行的特点和需求，结合城市规划、交通规划等，实现多规合一。同时，要注重与现有基础设施的衔接和融合，避免重复建设和资源浪费。此外，还应加强规划的前瞻性和灵活性，以满足未来低空经济快速发展的需求。

4.4.2.2 低空视角下基础设施规划的作用

低空视角下基础设施的规划有着多方面的作用，主要如图4-26所示。

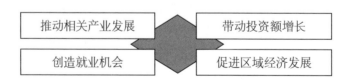

图4-26 低空视角下基础设施规划的作用

（1）推动相关产业发展

低空视角下基础设施规划可以推动相关产业发展，具体表现在表4-7所示的方面。

表4-7 推动相关产业发展的表现

序号	表现	说明
1	直接带动相关制造业发展	低空经济基础设施建设会直接增加通用航空器、无人机、电动垂直起降飞行器等飞行载具的需求，还会推动通信、导航、监视等设备以及充电桩、储能系统等新能源基础设施的制造

续表

序号	表现	说明
2	促进服务业发展	随着低空经济基础设施的完善，低空飞行服务、空中旅游、航空物流、航空医疗救护等服务业将迎来更大的发展空间。例如，苏州开通超百条低空航线，初步形成了"半小时空中通勤圈"，给旅客消费提供了新模式，也为低空经济发展带来新机遇
3	推动新兴产业融合发展	低空经济与物联网、大数据、人工智能等新兴技术深度融合，催生了新的产业模式和业态，如低空智能物流、低空遥感测绘、低空智能监控等，为经济发展注入新动力

（2）创造就业机会

低空视角下基础设施规划可以创造就业机会，具体表现在表 4-8 所示的方面。

表 4-8　创造就业机会的表现

序号	表现	说明
1	基础设施建设	需要大量的建筑工人、工程师、技术人员等参与通用机场、起降点、通信基站等基础设施的建设，为社会创造了就业机会
2	产业运营	飞行载具的制造、维护、运营，以及低空飞行、物流配送等领域都需要大量的专业人才，包括飞行员、维修人员、空中交通管制员、物流配送员等，为社会提供了丰富的就业岗位

（3）带动投资额增长

低空视角下基础设施规划可以带动投资额增长，具体表现在表 4-9 所示的方面。

表 4-9　带动投资额增长的表现

序号	表现	说明
1	吸引社会资本投入	低空经济的发展和基础设施的建设吸引了大量社会资本投入。各地通过设立产业基金、出台优惠政策等方式，鼓励企业和投资者参与低空基础设施建设和相关产业发展，促进了投资额的增长
2	带动相关产业投资	低空经济基础设施规划不仅直接带动相关的基础设施的建设，还引发上下游产业的连锁反应，促进相关产业积极投资，如飞行载具研发制造、航空材料、航空电子设备等领域

（4）促进区域经济发展

低空视角下基础设施规划可以促进区域经济发展，具体表现在表 4-10 所示的方面。

表 4-10　促进区域经济发展的表现

序号	表现	说明
1	推动城市发展	低空经济基础设施的建设可以提升城市的形象和竞争力，吸引更多的人才和企业入驻。同时，低空旅游、空中交通等业务的发展也为城市带来了新的经济增长点，促进城市经济向多元化发展
2	带动区域协同发展	低空经济的发展可以打破区域之间的界限，促进区域之间资源共享、产业协同和经济合作。例如，通过低空航线的连接，实现了城市之间的快速通勤和产业协同发展，加快了区域经济一体化的进程

4.4.2.3　低空视角下基础设施规划的发展现状

低空视角下基础设施规划的发展现状如图 4-27 所示。

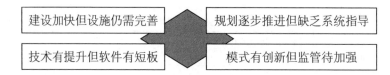

图 4-27　低空视角下基础设施规划的发展现状

（1）建设加快但设施仍需完善

建设加快但仍需完善的说明如表 4-11 所示。

表 4-11　建设加快但设施仍需完善的说明

建设加快	设施仍需完善
我国通用机场数量不断增加，截至 2024 年底，已达到 451 个。一些省份积极布局低空经济基础设施建设：浙江构建了包括通用机场、直升机起降点和低空飞行服务保障网在内的基础设施体系。四川提出了到 2027 年建成 20 个通用机场和 100 个以上垂直起降点的目标。同时，深圳等城市在低空通信网络、导航系统和空域管理平台建设方面也取得显著进展	相对于低空经济的快速发展，低空起降点、气象站等基础设施的支撑不足，通航机场和无人机、电动垂直起降飞行器的起降点数量还不能满足各应用场景的需要。低空基础设施尚未完全纳入城乡规划建设体系，不少地方的低空空域图、起降设施等仍是空白

（2）技术有提升但软件有短板

技术有提升但软件有短板的说明如表 4-12 所示。

表 4-12　技术有提升但软件有短板的说明

硬件技术发展	软件设施不足
在通信网络方面，从地面向低空空域拓展和覆盖，通感一体化基站（5.5G 或 6G）的部署考虑了飞行器密度与地形、建筑物和人口密度等参数之间的协调。在导航定位方面，低空精准导航定位的硬件技术开发取得了进展，包括多源雷达协同、地理标志物定位和起降点精确引导等	软件基础设施建设存在短板，例如，各类飞行载具之间的通信、协调和任务调度缺乏统一的数据共享和信息管理系统；针对低空空域的管理、调度和指挥系统在适配不同飞行载具、通信协议等方面存在问题；低空经济各类商业化应用的软件系统与现有平台之间的对接和数据交互也有待加强；相关技术标准也存在较大的补充和完善空间

（3）规划逐步推进但缺乏系统指导

规划逐步推进但缺乏系统指导的说明如表 4-13 所示。

表 4-13　规划逐步推进但缺乏系统指导的说明

规划逐渐推进	缺乏系统指导
国家及地方政策对低空经济基础设施建设起到了积极的推动作用，多地出台了相关规划和条例，例如，十堰市出台的《十堰市低空经济基础设施建设三年行动方案（2024 ~ 2026 年）》及《十堰市低空飞行基础设施规划》	由于低空经济是新生事物，目前低空经济基础设施建设的具体实施路径尚不清晰，缺乏系统性的指导，在顶层设计、标准体系、建设布局、维护监管等方面都还需要进一步加强

（4）模式有创新但监管待加强

模式有创新但监管待加强的说明如表 4-14 所示。

表 4-14　模式有创新但监管待加强的说明

商业模式创新	监管存在不足
在商业模式上，特许经营成为低空经济基础设施建设的首选。利用社会资本方自身的资源及专业性，通过多渠道融资，可缓解政府财政压力	低空经济基础设施的监管与维护存在责任不明确、维护标准不统一、人员专业能力欠缺、应急响应能力不足等问题，并缺乏智能化的统一的安全监管平台，相关法律法规仍不完善

4.4.2.4 低空视角下基础设施规划存在问题的应对措施

针对低空视角下基础设施规划存在的问题，可采取图4-28所示的应对措施。

加强规划与衔接	加快制定低空经济基础设施发展规划的"一张图"，并将其纳入城市总体规划，与国土空间、城市建设等规划紧密衔接，明确低空经济基础设施的布局、规模和建设时序，形成多场景、多主体、多层次的格局
完善标准体系	聚焦低空飞行器起降场、续航站、中转站及配套服务设施，按照通信、导航、监视、感知、反制等方面的通用配置要求，加快制定统一、全面的低空基础设施标准，形成全流程标准化的规范体系
强化监管与维护	借助大数据、人工智能、物联网技术，建设低空基础设施的智能化安全监管平台，部署视频监控、气象观测、智能维护等系统，明确监管与维护责任，统一维护标准，加强人员培训，提高应急响应能力，完善基础设施维护有关的法律法规
推动产业融合与技术创新	加强跨领域协作，促进低空经济基础设施建设与产业链上下游领域的联动发展，吸引社会资本参与，探索多元化投资机制，同时推动技术创新，提高基础设施的服务能力
优化设施布局	以城市、偏远山区、跨海地区为重点，统筹安排各类起降点和通航机场的建设，充分利用现有的公交站、物流枢纽、楼宇顶层等公共设施，构建多场景、多层次的起降设施网络

图4-28 低空视角下基础设施规划存在问题的应对措施

4.5 农业领域：低空经济助力农业增效增收

农业领域低空经济商业化是指将低空技术（主要是以无人机为代表的相关技术和装备）应用于农业生产、管理、服务等各个环节，以实现农业增效、农民增收和产业发展的过程。

4.5.1　农业领域低空经济商业化的特点

农业领域低空经济商业化具有图 4-29 所示的特点。

图 4-29　农业领域低空经济商业化的特点

4.5.1.1　技术密集

农业低空经济需要多种先进的技术，如飞行控制、导航定位、动力系统等，确保无人机能在低空空域稳定飞行并精准执行任务。

传感器技术也至关重要，如多光谱、热成像传感器等，可获取农作物的生长信息，为精准农业提供数据支持。此外，数据处理与分析技术可处理大量的遥感数据，提取出有价值的信息，帮助农户做出科学决策。

4.5.1.2　应用灵活

低空技术在农业领域有多种应用模式。无人机可根据不同的农业生产需求，搭载不同的设备，如进行植保作业时搭载农药喷洒装置，进行农田监测时搭载高清摄像头或传感器。无论是平原地区的大规模农田，还是山区、丘陵地带的小块农田，无人机都能灵活作业，为各种农业生产场景提供个性化服务。

4.5.1.3　服务定制

由于不同地区的农业生产条件、作物种类、种植规模等存在差异，因此农业低空服务通常需要根据客户的具体需求进行定制。

例如，针对大型农场的规模化种植，可提供全面的农田监测和植保服务；对于小型农户或特色农产品种植户，则可提供专门的病虫害监测与防治服务，以满足不同客户群体的多样化需求。

4.5.1.4　产业融合

农业低空经济并不局限于农业生产本身，还与其他产业有着密切的融合。例如，与农业科技产业相结合，推动农业现代化发展；与农业大数据、人工智能技术融合，提升农业生产的智能化水平。

同时，与物流、旅游等产业也有融合发展的趋势，例如，利用无人机进行农产品的短途配送、开发农业低空观光旅游项目等，可拓展农业产业的边界，创造更多的经济增长点。

4.5.1.5　经济效益与社会效益并重

在经济效益方面，低空技术通过提高农业生产效率、降低成本、提高农产品产量和质量，为农户和农业企业带来直接的经济收益。例如，无人机植保减少了人工成本，提高了农药喷洒的效率和精准度，降低了农药使用量，进而降低了生产成本。

在社会效益方面，低空经济有助于解决农村劳动力短缺问题，促进农业现代化发展，保障粮食安全和农产品供应。同时，可推动农村产业结构调整和乡村振兴，为农村地区创造更多的就业机会和发展机遇。

4.5.2　农业领域低空经济商业化的模式

农业领域低空经济商业化的常见模式如下。

4.5.2.1　农业无人机服务模式

无人机服务公司为农户或农业企业提供专业的服务，包括农田植保、播种、施肥、测绘、监测等。农户或企业按服务面积或服务次数向服务公司支付费用。农业无人机服务模式的特点如图4-30所示。

专业性强

服务公司拥有专业的无人机设备和技术人员，能够提供高质量、精准的农业服务。技术人员经过专业培训，熟悉无人机操作和农业生产知识，能根据不同农作物和农田状况制定适合的作业方案

成本效益高

对于农户和小型农业企业来说，无须自行购买昂贵的无人机设备，降低了农业生产的前期投入成本。同时，无人机作业效率高，能在短时间内完成大面积的农田作业，提高了生产效率，降低了人工成本

可根据农业生产的不同需求和季节变化，灵活调整服务内容和作业时间。例如，在病虫害高发期增加植保作业次数，在农作物生长关键期加强农田监测等

图 4-30　农业无人机服务模式的特点

4.5.2.2　无人机销售与租赁模式

无人机制造商或经销商向农户、农业企业出售无人机设备，同时也提供租赁服务。购买者拥有无人机的所有权，可根据自身需求随时使用；租赁者则在租赁期内获得无人机的使用权，按租赁时间或次数支付租金。

无人机销售与租赁模式的特点如图 4-31 所示。

对于大型农业企业或种植大户，购买无人机可以确保其长期稳定地服务于自身的农业生产，满足大规模、频繁的作业需求。而对于一些小型农户或偶尔有作业需求的用户，租赁模式更经济实惠，既能满足临时性的作业需求，又能避免设备闲置浪费

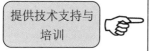
经销商通常会为客户提供技术支持和培训服务。这确保了客户能够正确、安全地使用无人机，同时，在设备出现故障时，能及时为客户提供维修和保养服务，保障农业生产顺利进行

制造商为了提高产品的市场竞争力，会不断研发和推出性能更优越、功能更丰富的无人机产品。销售与租赁模式使农户和农业企业更容易接触到新型的无人机，促进了无人机技术在农业领域的快速普及和推广

图 4-31　无人机销售与租赁模式的特点

4.5.2.3　农业低空遥感数据服务模式

农业低空遥感数据服务模式是指利用低空飞行器搭载遥感设备，如多光谱相机、热成像仪等，获取农田的遥感数据。然后对这些数据进行处理、分析，为农户和农业企业提供农田信息监测、作物生长评估、病虫害预警、土壤分析等服务。

农业低空遥感数据服务模式的特点如图 4-32 所示。

数据精准性高	实时性强	服务定制化
低空遥感设备能够获取高分辨率的农田数据，精确反映农作物的生长状况、土壤水分含量、病虫害分布等信息。相比传统的地面监测方法，该模式获得的数据更全面、更准确，可为农业生产决策提供可靠的支持	可以根据农业生产的需要，定期或不定期地进行农田遥感监测，及时获取最新的数据信息。农户和企业能够根据实时数据，及时调整农业生产方案，例如，及时发现病虫害迹象并采取防治措施，避免病虫害大规模暴发	根据不同客户的需求，提供个性化的服务。例如，针对种植经济作物的农户，提供作物品质监测和产量预估服务；对于大型农场，提供全面的农田资源管理和生产规划服务等

图 4-32　农业低空遥感数据服务模式的特点

4.5.2.4　农业低空观光旅游模式

农业低空观光旅游模式是指结合农业景观和低空飞行技术，开发农业低空观光旅游项目。游客乘坐低空飞行器，如小型飞机、直升机或无人驾驶观光飞行器，可以在空中俯瞰农田、果园、花海等农业景观，欣赏美丽的田园风光，同时也能了解农业生产过程和乡村文化。

农业低空观光旅游模式的特点如图 4-33 所示。

体验独特　为游客提供了一种全新的、独特的体验，让游客能从空中视角欣赏广袤的农田、错落有致的村落等乡村美景，感受大自然与农业生产相结合的魅力，与传统的地面旅游方式形成鲜明的对比，具有很强的吸引力

融合性强　农业、旅游业和低空飞行产业有机融合，不仅带动了当地农业产业的发展，提升了农产品的知名度和附加值；还促进了乡村旅游业的繁荣，为农村地区创造了更多的就业机会和收入来源，推动了乡村振兴战略的实施

季节性明显　农业景观随季节而变化，不同的季节有不同的景色，例如，春季的花海、夏季的绿色农田、秋季的金黄稻田等。因此，农业低空观光旅游通常具有较强的季节性，应根据不同季节的特点，设计相应的旅游产品和线路，以吸引更多的游客

图 4-33　农业低空观光旅游模式的特点

4.5.3　农业领域低空经济商业化的发展现状

农业领域低空经济商业化的发展现状如下。

4.5.3.1　政策支持力度加大

2025 年，中央一号文件提出，支持发展智慧农业，拓展低空技术应用场景。这为农业领域低空经济商业化发展提供了政策依据和方向指引。地方政府也积极出台相关政策，例如，浙江出台《浙江省农业农村领域低空经济发展行动方案》，提出了未来三年农业农村领域低空经济的发展目标和任务。湖北在 2024 ~ 2026 年实施农用无人机购置补贴政策，促进农用无人机在农业领域的应用和推广。

4.5.3.2　应用场景不断拓展

从农业植保、播种、施肥到农产品吊运、农田测绘与监测，再到农业观光旅游等，低空经济在农业领域的应用场景日益丰富，如图 4-34 所示。

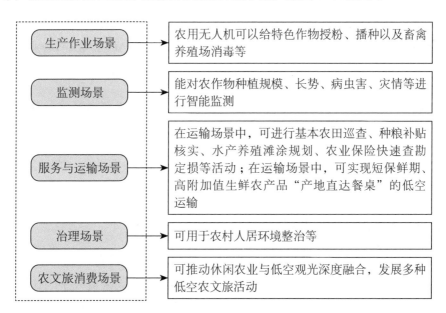

图 4-34　农业领域低空经济应用场景

例如，重庆质飞物流发展有限公司开展无人机吊运助农服务，帮助菜农吊运青菜头，解决了他们的运输难题。浙江也明确打造包括生产作业、监测、服务、运输、农文旅消费等在内的 6 大低空经济场景。

4.5.3.3　市场规模逐步扩大

随着农业现代化的发展，农业生产需要提高效率、降低成本、提升质量，而低空经济相关技术和服务能够有效满足这些需求。例如，无人机植保能提升防治效果、减少农药使用量，还能解决小农户自己植保面临的"干不了、干不好、干得不经济合理"等问题。同时，消费者对高品质农产品、特色农业旅游等的需求也在增加，为低空经济在农业领域的商业化发展创造了市场空间。

以农用无人机为例，2024年，全国植保无人机保有量达25.1万架，防治作业面积达26.7亿亩次，稳居全球首位。平湖市农用无人机年作业面积达到200多万亩次，农业低空经济规模超2000万元。随着低空经济与农业融合的不断深入，未来市场规模有望进一步扩大。

4.5.3.4　技术水平不断提升

低空技术不断发展，无人机性能如续航能力、载重能力、抗恶劣天气能力等逐步提升，同时搭载的传感器和设备也日益更新，如高清摄像头、多光谱传感器等，使获取的农田信息更加准确详细。利用先进视觉和AI技术赋能农业，使无人机能精准识别复杂地形和作物，更好地满足不同作业需求。

例如，荆州松滋使用最新款T100植保无人机，凭借超大载重和智能避障系统，将作业效率提升40%以上。

另外，通过低空飞行器采集农田数据，建立农业大数据平台，能够实现对农田的精细化管理和长期动态监测。

4.5.3.5　人才短缺问题凸显

农业无人机飞手成为新兴职业，但目前人才短缺问题较为突出。据有关部门测算，我国无人机飞手的缺口高达100万人，其中农业无人机飞手的缺口在25万人左右。各地正通过多种方式培养农业无人机飞手，如开展高素质农民培育、乡村产业振兴带头人"头雁"项目培训，以及"校企""产教"融合等。

4.5.3.6　成本逐渐降低

一方面，随着技术的升级和规模化应用，农用无人机的成本和售价呈下降趋势，降低了农户购买和使用的门槛。另一方面，虽然前期购买设备和培训人员等存在一定支出，但从长期来看，低空技术在提高生产效率、减少人工成本、降低资源浪费等方面的效益比较明显，使综合成本逐渐降低，投资回报率逐渐提高。

不过，农业领域低空经济商业化发展也面临着法规政策、技术标准、成本效益、人员素质、社会认知等方面的挑战。但总体而言，在政策支持、技术发展、市场需求等多方面因素的推动下，发展前景依然十分乐观。

 **相关链接**〈···

农业领域低空经济如何拓展市场应用

拓展农业领域低空经济商业化的市场应用，需要从挖掘新的应用场景、开展农业相关服务、加强与其他产业融合、创新商业模式、加强市场培育与推广等方面入手，具体如下。

一、挖掘新的应用场景

1. 精准农业

可利用低空飞行器搭载高精度传感器，收集农田土壤、作物等信息，精准开展施肥、灌溉、植保等作业，提高农业资源利用效率和农产品产量与品质。例如，通过多光谱相机获取作物的光谱信息，准确判断作物的营养状况和病虫害发生区域，从而进行精准施药和施肥。

2. 生态环境监测

利用低空飞行器搭载各类传感器，对农田的土壤湿度、酸碱度、养分含量等进行大面积、快速监测，为精准施肥和土壤改良提供数据支持。同时，监测农田周边的水资源质量、空气质量以及生态情况，及时发现环境污染和生态破坏等问题，助力农业可持续发展。

3. 农产品质量检测

在农产品生长过程中，利用低空无人机搭载高分辨率成像设备和光谱分析仪器，可对农作物的生长状况、病虫害情况以及果实成熟度进行检测和评估。例如，使用近红外光谱仪对果实进行检测，可以得到果实糖度、内部缺陷等指标。

4.农业基础设施巡检

利用低空飞行器对农田的灌溉系统、排水系统、电力设施、道路等基础设施进行定期巡检，可快速发现设施损坏、渗漏、老化等问题，及时进行维修和保养，保障农业基础设施的正常运行，降低因设施故障导致的农业损失。

二、开展农业相关服务

1.农业保险服务

与保险公司合作，利用低空遥感数据为农业保险提供定损依据，提高理赔效率和准确性，降低保险成本。例如，在农作物受灾后，通过无人机快速获取受灾面积和受灾程度等信息，为保险理赔提供准确的数据。

2.农村物流配送

开展低空物流配送，利用无人机为偏远的农村地区或交通不便的农田、果园运输物资、农产品等，提高物流效率，降低运输成本。比如，在山区或丘陵地带，使用无人机将农产品从田间地头直接运到收购点或物流站点。

3.农业技术推广

利用低空飞行器搭载宣传设备，在农田上空进行农业技术推广和宣传，帮助农民更好地掌握新技术，提高农业作业效率。例如，播放农业设备操作的视频、作物种植方法的语音讲解等，向农民传播先进的种植养殖技术和管理经验。

三、加强与其他产业融合

1.与智慧农业融合

将低空经济与物联网、大数据、人工智能等智慧农业技术相结合，构建全面的农业生产监测和管理体系。利用低空飞行器采集实时的数据，并与地面传感器网络和农业信息系统进行整合，实现对农业生产过程的精准控制和智能化管理，提高农业生产效率和经济效益。

2.与乡村旅游融合

利用小型飞机、热气球或无人机等，开发低空旅游项目，为游客提供独特的观景视角，打造低空农文旅融合的新亮点。结合农事体验活动，让游客乘坐低空飞行器俯瞰农田花海，增加乡村旅游的趣味性和吸引力，促进农村一二三产业融合发展。

3. 与新能源产业结合

探索在低空空间安装太阳能板或风力发电设备，为农业生产提供清洁能源，同时研发新能源驱动的低空飞行器，实现能源循环利用。例如，在农田上空搭建太阳能板，为农业灌溉、无人机充电等提供电力支持。

4. 与数字农业结合

将低空采集的数据与数字农业平台深度融合，构建更全面、准确的农业生产数字化模型，为农业生产决策提供更科学的依据，推动农业生产方式改革。例如，结合卫星遥感数据、地面传感器数据和低空无人机数据，实现对农田的全方位、多层次监测和分析。

四、创新商业模式

创新商业模式包括打造综合服务平台、开展定制化服务、推动产业协同创新、探索新型盈利模式等四个方面，具体如下。

1. 打造综合服务平台

（1）构建一站式服务平台：建立线上线下融合的综合服务平台，整合农业低空领域的各类资源，包括无人机及相关设备的供应商、飞手团队、技术研发机构、农业生产经营主体等，提供设备租赁、服务预订、技术培训、维修保养、配件销售等一站式服务，降低交易成本，提高服务效率。

（2）建立数据服务中心：利用平台收集和分析低空飞行所获取的数据，如农田信息、作物生长数据、病虫害监测数据等，为农业生产经营主体咨询和决策提供服务。同时，通过数据挖掘和分析，为相关企业市场需求分析、产品研发等提供有价值的信息。

2. 开展定制化服务

（1）不同农业场景的定制化服务：针对不同农作物、不同种植规模、不同生产环节，提供定制化的低空服务。例如，为大型农场提供规模化的无人机植保作业服务，为果园提供精准的无人机授粉服务，为特色农产品种植基地提供个性化的监测和管理服务等。

（2）满足个性化需求的定制化服务：根据农业生产经营主体的特殊需求，提供定制化的无人机服务。例如，为一些高端农产品生产企业定制具有特殊功能的无人机，或为其设计专属的飞行路线和作业方案，以满足其在农产品品质和生产过程等方面的需求。

3. 推动产业协同创新

（1）与农业产业链的上下游企业合作：与种子、化肥、农药等农资供应商合作，开展联合推广活动。例如，购买指定农资产品可免费享受一定时长的无人机作业服务，无人机服务企业与农资企业共同研发新型农资产品等。同时，与农产品加工、销售企业合作，利用低空技术为农产品溯源、品质检测等提供支持，提高农产品的附加值。

（2）与科技企业跨界合作：与人工智能、大数据、物联网等科技企业合作，共同开发智能农业低空应用场景。例如，利用人工智能技术，无人机自主识别病虫害和杂草，精准进行施药作业；通过大数据分析，优化无人机作业路径和时间，提高作业效率；借助物联网技术，实现无人机与农业生产的互联互通，打造智慧农业生态系统。

4. 探索新型盈利模式

（1）开展增值服务：除了传统的无人机作业服务外，积极开展增值服务。例如，为农业生产经营主体提供农产品宣传服务，利用无人机拍摄高质量的农产品宣传视频和图片；为农业园区智能化管理系统的建设和维护提供服务，并收取一定的费用。

（2）进行数据收费：将无人机采集的农业数据进行整理和分析后，出售给有需求的企业和机构。例如，为农业科研机构长期提供农田生态环境数据，为农业保险公司提供农作物生长数据，从而实现数据的商业价值。

五、加强市场培育和推广

1. 提高农民认知度

通过举办培训班、现场演示会及发放宣传资料等方式，向农民普及低空经济在农业领域的优势，提高农民对相关技术和服务的认知度和接受度。

2. 打造示范项目

打造一批农业低空经济示范基地和示范项目，展示低空经济在农业生产、服务、旅游等领域的成功应用，吸引更多的农业经营主体和投资者参与其中。

3. 加强国际合作与交流

积极参与国际低空经济交流活动，引进国外先进的技术、管理经验和市场模式，推动我国农业低空经济相关产品和服务走向国际市场。

4.5.4　农业领域低空经济商业化面临的挑战及对策

4.5.4.1　农业领域低空经济商业化面临的挑战

农业领域低空经济商业化面临着多方面的挑战，具体如表 4-15 所示。

表 4-15　农业领域低空经济商业化面临的挑战

挑战领域	具体问题	说明
法规政策方面	飞行管制严格	低空领域飞行需要遵守严格的航空法规，飞行许可的申请程序较为复杂，这就限制了无人机等低空飞行器在农业领域的灵活应用。特别是一些紧急情况或小规模临时作业，难以快速获得许可
	监管难度大	农业生产区域广阔且分散，无人机飞行活动频繁，监管部门难以对所有飞行进行有效监管。一些违规飞行行为可能会对航空安全、公共安全以及他人的合法权益造成威胁。如何确保所有低空飞行活动都能依法依规进行，是一个难题
技术标准方面	设备性能有待提升	目前一些低空经济飞行器在续航能力、载重能力、抗恶劣天气能力等方面还存在不足。例如，大多数无人机的续航时间较短，难以满足大面积农田长时间作业的需求；在遇到大风、暴雨等恶劣天气时，无人机的稳定性和安全性会受到影响
	缺乏统一标准	农业领域低空经济涉及多种设备和技术，如无人机、轻型飞机、飞艇以及各种传感器和作业工具等，但目前行业内缺乏统一的技术标准和规范。这导致不同厂家的产品兼容性差，设备的质量和性能参差不齐，给用户的选择带来了困扰，也不利于行业的健康发展
成本效益方面	前期资金投入大	购买低空飞行器及配套设备需要较大的资金投入，而且设备还需要定期维护和保养，这对于一些小型农业经营主体来说是一笔不小的开支。此外，操作人员的培训也会增加整体成本
	运营效益无法达到预期	虽然低空技术在农业生产中可以提高生产效率、降低劳动强度，但在实际运营中，作业效率受设备性能、天气条件、地形地貌等因素影响较大，可能无法达到预期的效益。而且，目前农业领域低空经济的市场规模还相对较小，尚未形成规模效应，导致运营成本较高

续表

挑战领域	具体问题	说明
人员素质方面	专业人才短缺	农业领域低空经济的商业化发展需要既懂农业知识又掌握低空飞行器操作和维护技术的复合型人才。然而，目前这类专业人才相对匮乏，限制了低空技术在农业生产中的推广和应用
	人员技能水平参差不齐	现有低空飞行器操作人员的技术水平参差不齐，部分人员缺乏系统的培训和考核，在飞行过程中存在操作不当的风险，不仅会影响作业效果，还可能对设备和人员的安全造成威胁
社会认知方面	心存担忧	部分人对低空飞行器在农业领域的应用存在担忧，担心无人机飞行会对人身安全、农业设施以及周边环境造成损害。例如，担心无人机在飞行过程中发生坠落伤人、损坏农作物或与其他物体碰撞等情况
	隐私问题	低空飞行器在进行数据采集和监测时，可能会涉及一些个人隐私和商业机密。如果数据管理和保护措施不到位，可能会引发纠纷或导致商业机密泄露，从而影响农业领域低空经济的发展

4.5.4.2 农业领域低空经济商业化所面临挑战的对策

（1）完善政策法规与监管体系

完善政策法规与监管体系的具体措施如图4-35所示。

 制定专门的规章制度 —— 政府应出台针对农业领域低空飞行的法规，明确飞行区域、高度限制、飞行资质要求等，确保低空飞行安全有序。例如，划定特定的农业作业区域，限定无人机的飞行高度，以免对周边空域造成干扰

简化审批流程 —— 建立简洁的低空飞行审批机制，减少审批手续和审批时间，提高农业低空作业的效率。可以通过线上平台实现申请的审核与审批，让农户和相关企业能够快速获得飞行许可

 加强监管力度 —— 利用先进的技术手段，如空域监测系统、电子围栏等，对农业低空飞行进行实时监管，及时发现和处理违规行为，保障空域安全和航空秩序

图4-35　完善政策法规与监管体系的具体措施

（2）加大技术研发与创新投入

加大技术研发与创新投入的具体措施如图 4-36 所示。

提升飞行器性能	鼓励企业和科研机构研发适合农田作业的高性能低空飞行器，提高续航能力、载重能力、抗恶劣天气能力等。例如，研发新型电池技术或混合动力系统，延长无人机的续航时间，使其能够完成更大面积的农田作业
优化传感器与设备	研发更智能的传感器和作业设备，如高精度多光谱传感器、智能喷洒系统等，提高农田监测和作业的效果。通过传感器准确获取农作物的生长信息，为精准施肥、施药提供依据
推动智能技术应用	利用人工智能、大数据、物联网等技术，实现低空飞行器的自主飞行、智能决策和远程监控等功能。例如，通过人工智能算法让无人机自动识别农田中的病虫害区域，并进行精准施药，降低人工操作成本和难度

图 4-36　加大技术研发与创新投入的具体措施

（3）加强人才培养与技术培训

加强人才培养与技术培训的具体措施如图 4-37 所示。

在高校设置相关专业	鼓励高校开设与农业低空经济相关的专业课程，培养既懂农业知识又掌握低空飞行器技术的复合型人才。例如，设置农业无人机应用技术、农业航空遥感等专业，为行业发展储备专业人才
开展职业技能培训	针对农户和农业从业人员，开展低空飞行器操作、维护与数据分析等方面的培训，提高他们的技术水平和操作能力，让他们能够熟练操控无人机进行农田作业，并且能够对设备进行简单的维护与保养
培养专业服务团队	培育一些专业的农业低空服务团队，提供设备租赁、农田作业及技术咨询等方面的服务，帮助农户更好地利用低空经济技术开展农业生产

图 4-37　加强人才培养与技术培训的具体措施

（4）建立产业联盟与合作机制

建立产业联盟与合作机制的具体措施如图 4-38 所示。

由农业企业、低空飞行器制造商、科研机构、高校等相关单位组成农业低空经济产业联盟，加强技术交流与合作，共同推动产业发展。产业联盟可以通过开展技术研讨会、产品展销会等活动，促进信息共享和技术推广

加强企业与高校、科研机构之间的合作，共同进行技术研发、项目攻关和人才培养。例如，企业可以为高校和科研机构提供实践基地和研发资金，高校和科研机构可以为企业提供技术支持，实现产学研的良性互动

推动农业低空经济与物流、旅游、金融等行业的融合发展，共同拓展应用场景和市场空间。例如，与物流企业合作开展农产品低空运输服务，与旅游企业开发农业低空观光旅游项目，与金融机构推出针对农业低空经济的保险产品和融资服务

图 4-38　建立产业联盟与合作机制的具体措施

（5）加强市场培育与推广

加强市场培育与推广的具体措施如图 4-39 所示。

通过各种媒体，如电视、报纸、网络等，宣传农业低空经济的优势和应用案例，提高农户和农业企业对低空经济的认知度和接受度。例如，可以开展专题讲座、现场演示会等活动，让农户亲身感受低空技术带来的便利和效益

政府和相关企业可以在一些地区打造农业低空经济示范项目，树立成功样板，带动周边地区积极响应，或为其他地区提供借鉴和参考

鼓励农户和农业企业采用低空技术，可通过优惠政策、财政补贴等方式，降低使用成本，激发农户和农业企业的需求。例如，对购买低空飞行器或使用相关服务的农户给予一定的财政补贴，提高他们的积极性

图 4-39　加强市场培育与推广的具体措施

（6）完善基础设施建设

完善基础设施建设的具体措施如图 4-40 所示。

建设起降场地	搭建通信网络	建立数据中心
在农村地区和农业园区合理建设无人机起降场地，为低空飞行器安全、便捷地起降提供条件。起降场地可以根据不同的作业需求和地形条件进行设计，例如，在大型农田附近建设固定的起降平台，在山区或偏远地区设置临时起降点	搭建覆盖农业作业区域的通信网络，保障低空飞行器与地面控制站之间稳定通信。可以利用现有的移动通信网络或建设专用的无线通信网络，实现对无人机的远程控制和数据传输	建立农业低空经济数据中心，收集、存储和分析来自低空飞行器的各类数据，为农业生产提供决策支持。同时整合农田信息、气象数据、作物生长数据等，为农户提供精准的农业生产建议

图 4-40　完善基础设施建设的具体措施

4.6　测绘与巡检：低空飞行器的广泛应用

4.6.1　低空飞行器在测绘与巡检领域的优势

低空飞行器在测绘与巡检领域具有多方面的优势，主要体现在表 4-16 所示的几个方面。

表 4-16　低空飞行器在测绘与巡检领域的优势

方面	优势	详细说明
成本效益	设备成本低	低空飞行器的购置和维护成本较低。一般来说，小型无人机的价格在数千元到数万元不等，且操作相对简单，无须专业的飞行驾驶执照，因此降低了人力成本
	运营成本低	低空飞行器不需要跑道等大型基础设施，可在较小的场地起降，减少了场地租赁和建设成本。同时，其飞行成本也较低，例如，电动无人机使用电池作为动力源，而且维护相对简单，降低了运营成本

续表

方面	优势	详细说明
灵活性与机动性	起降方便	低空飞行器可以在复杂地形和狭小空间起降，如山区、城市狭窄街道、楼顶等，不受地形和场地限制，能够快速到达目标区域进行测绘与巡检
	飞行灵活	低空飞行器能够根据作业需求灵活调整飞行高度、速度和航线。在测绘与巡检过程中，其可以根据地形地貌、目标物的特点以及天气条件等因素，实时改变飞行参数，以获取最佳的数据和图像，提高工作效率和效果
数据采集效率	快速高效	低空飞行器可以快速覆盖大面积区域，高效进行数据采集。例如，在测绘大面积地形地貌时，无人机可以按照预设航线快速飞行，短时间内获取大量的影像和数据，大大缩短了数据采集时间
	实时传输	许多低空飞行器配备了数据实时传输系统，能够将采集到的图像、视频和其他数据实时传输到地面控制站或远程终端。操作人员可以实时查看数据，发现问题并及时调整飞行任务，提高了工作效率和数据的时效性
安全性	减少人员伤亡风险	在一些危险环境或高风险区域，如地质灾害易发区、高压输电线路附近等，利用低空飞行器进行测绘与巡检，可以避免人员直接进入危险区域，降低了人员伤亡的风险
	安全性能高	现代低空飞行器通常配备多种安全保护装置，如避障系统、自动返航系统、冗余控制系统等，可以有效避免飞行器碰撞障碍物；在遇到突发情况时，还能够引导飞行器自动返航或降落，提高了飞行的安全性
数据质量	高分辨率成像	低空飞行器可以搭载高分辨率相机、传感器等设备，近距离获取目标物体的详细信息。例如，在电力巡检中，能够清晰拍摄到输电线路绝缘子、金具等部件的微小损伤；在地质监测中，可以获取岩石表面的纹理、裂缝等细节，为分析和判断提供高质量的数据支持
	多传感器融合	可以同时搭载多种类型的传感器，如光学相机、热成像仪、激光雷达等，实现多源数据的融合采集。通过综合分析不同传感器的数据，能够更全面、准确地了解目标物体的特征和状态，提高测绘与巡检的精度和可靠性

续表

方面	优势	详细说明
应急响应能力	快速部署	在发生自然灾害、突发事件等紧急情况时，低空飞行器可以迅速起飞，快速到达受灾区域进行测绘与巡检，能够在最短的时间内获取现场信息，为应急救援和决策提供及时的数据支持
	实时监测	低空飞行器可以在应急救援现场持续飞行，实时监测灾情的变化，如洪水的淹没范围、火灾的蔓延趋势、地震后的地表破坏情况等。将这些数据及时传输给指挥中心，有助于指挥人员准确掌握灾情动态，合理调配救援力量，提高应急救援的效率和效果
隐蔽性和保密性	隐蔽飞行	在一些特殊的测绘与巡检任务中，如军事设施周边、敏感区域的监测等，低空飞行器可以利用其低空飞行的特点，不易被发现，在不引起外界注意的情况下完成任务，并保护敏感信息和区域的安全
	数据保密	低空飞行器采集的数据可以通过加密方式进行保护，确保数据的安全性和保密性，减少数据在传输和存储过程中被泄露的风险，满足了一些保密性要求较高的行业和部门的需求
对环境的影响	噪声污染小	大多数低空飞行器采用电能动力系统，运行噪声较低，对周围环境的污染相对较小。在城市、自然保护区等区域进行测绘与巡检时，能够减少对居民生活和生态环境的干扰
	生态破坏小	低空飞行不需要在地面建设大量的基础设施，也不会对测绘与巡检区域的地形地貌和生态环境造成破坏，避免了对植被的碾压和对野生动物的干扰，保障了生态环境的完整性和稳定性

4.6.2　低空经济在测绘与巡检领域的应用

低空经济在测绘与巡检领域有着广泛的应用。

4.6.2.1　测绘领域

测绘领域的应用如图 4-41 所示。

地形地貌测绘	工程测量	资源探测
利用无人机搭载测绘设备，如光学相机、激光雷达等，能够快速获取大面积地形地貌的数据。通过采集高精度的三维坐标信息，生成数字高程模型（DEM）、数字正射影像（DOM）和三维实景模型等测绘产品，可为城市规划、土地利用、交通建设等提供基础的地理信息数据	在道路、桥梁、水利等工程建设中，低空飞行器可进行高精度的工程测量。例如，在道路选线阶段，通过低空测绘获取沿线的地形数据，帮助设计人员优化路线方案；在桥梁建设中，对桥址区域进行测绘，为桥梁的设计和施工提供准确的地形和水文信息	对矿产资源、水资源等的探测，低空技术也发挥着重要作用。无人机可以搭载物探设备，如磁力仪、重力仪等，对地下资源进行探测，获取相关的物理场数据，辅助地质人员进行资源勘查和评估。同时，利用低空遥感技术可以对水资源分布、水质状况等进行监测，为水资源管理提供数据支持

图 4-41　测绘领域的应用

4.6.2.2　巡检领域

巡检领域的应用如图 4-42 所示。

低空飞行器可搭载高清摄像头、红外热成像仪等设备，对输电线路进行巡检。能够快速发现线路杆塔倾斜、绝缘子损坏、线路断股等问题，以及线路周边的树木、违章建筑等安全隐患，大大提高了巡检效率和准确性，降低了人工成本和安全风险

对通信基站进行巡检时，低空无人机可以近距离观察基站的外观、天线的状态、塔体的稳定性等。同时，通过搭载特定的检测设备，还可以对基站的信号强度、覆盖范围等进行检测，及时发现基站存在的问题，确保通信网络稳定运行

石油管道通常铺设在野外，环境复杂，人工巡检难度大。低空无人机可以沿着管道飞行，实时监测管道的运行状况，如管道是否泄漏、破损，周边是否有地质灾害等。一旦发现异常，能够及时通知相关人员进行处理，减少安全事故的发生

城市基础设施巡检 可对城市中的高楼大厦、桥梁、隧道、路灯等基础设施进行巡检。无人机可以到达人工难以到达的位置，对建筑物的外立面、桥梁的结构件、隧道的内壁等进行仔细检查，及时发现裂缝、腐蚀、脱落等安全隐患，为城市基础设施的维护和管理提供依据

图 4-42　巡检领域的应用

 相关链接

低空经济在测绘与巡检领域的应用案例

低空经济在测绘与巡检领域的应用案例如下。

一、城市高层建筑巡检

案例：杭州纵横通信股份有限公司的"城市高层建筑无人机自动巡检"。该公司运用先进的无人机技术和智能算法，实现了对高层建筑高效、精准的巡检。目前已累计作业数百幢超高层建筑，巡检面积超过 2000 万平方米，涵盖陆家嘴上海中心、深圳第一高楼平安中心、杭州环球中心、中国澳门美高梅等地标性建筑。

优势：大幅提高了巡检效率，有效降低了人工巡检的风险和成本，为城市安全管理提供了有力支撑。

二、城市管理巡检

案例：珠海的低空城市巡检服务。通过构建覆盖全市的低空巡检服务网络，利用搭载高清摄像头和热成像传感器的无人机，结合人工智能算法，对城市治理问题目标开展自动检测、特征提取、分类识别等工作。目前已形成覆盖香洲区南屏、前山等五大片区，斗门镇等重点乡镇，外伶仃岛等海岛区域，以及高栏港水道航运区等 11 个板块的立体巡检网络。

优势：能够准确识别占道经营、违章建筑、道路破损等问题，并生成包含问题清单和定位信息的可视化分析报告，实现"问题发现—定位标注—处置派遣—核查归档"全链条数字化闭环管理，为城市管理及治理提供精准指引。

三、轨道交通巡检

案例：深铁集团自 2019 年开始，持续拓展无人机低空巡检在勘察测绘、建设施工、运营检修、运保区管理等方面的应用。例如，利用无人机对轨道交通重大工程进行勘测，为深圳西丽综合交通枢纽进行智能化测绘；通过无人机遥感巡查和物联网监测技术，对在建工地和地铁高架线段进行实时监控；在深圳地铁 6 号线长圳车辆段试点"智能飞行列检工作站"项目，由无人机取代人工在检修库对列车设备进行巡视。

优势：一台无人机一天可监测地铁安保区约 42 平方千米，巡查效率较传统人工模式提高了 6 倍以上，还能发现隐蔽性较强的违法施工行为，弥补了人工巡查的短板以及可能存在的盲区，大幅提高了轨道交通的巡查效果。

四、自然资源管理

案例：宁波市测绘和遥感技术研究院自主研发了全市第一个无人机智能管控平台——"甬瞰·低空慧眼"，并在全市范围内逐步开展无人机机场布设。利用该平台获取的低空照片、低空视频、红外视频等数据，制作三维模型、正射影像、全景影像等测绘产品，可用于自然资源变化监测和核实、森林防火巡视、河湖变化监测、道路交通监测、工程违法建设监测等。

优势：实现了对无人机机场的全方位监控和调度，最大化地利用低空空域资源。同时通过嵌入 AI 功能，能够对人、车、路、建筑物、烟火等几十种特定对象和行为进行自动识别，实现人工智能辅助分析。

五、智慧交通领域

案例：天津云圣智能科技有限责任公司的全自主无人机巡检系统。该系统集成了工业无人机、全自动机场以及四维智慧全息操作系统，深度融合了数字孪生、人工智能、5G 通信、大数据分析及物联网云平台等前沿技术，可广泛应用于路政巡查、交通疏导、事故处理、应急救援、养护运维、规划设计、智慧施工、桥梁隧道巡检和安全监督等场景，如平陆运河施工建设巡检、惠增高速建设监管等重大项目。

优势：实现了多场景覆盖、全天候运行、不间断监控的全自主智慧巡检，为智慧交通建设提供了有力支持。

六、城市违建及环卫监管

案例：广州市白云区城市管理和综合执法局建成 4 个无人机自动机场，并搭建无人机飞控平台，打造白云智慧城管三维"一张图"，构建低空智能遥感网，形成了"无人机 +AI"的低空巡检监管模式。无人机可自动巡航并监管违法建筑，搭载的红外摄像头可抓拍建筑垃圾偷倒行为，AI 可识别地面垃圾及占道经营等情况。

优势：一台无人机一天可监测约 15 平方千米的范围，巡查效率较传统人工模式提高了 2 倍以上，让隐蔽性较强的违法建筑无处遁形。同时实现了"智能航飞—AI 自动发现—线索推送—处置监督"的闭环管理，提升了城市管理的质效。

4.6.3　低空经济在测绘与巡检领域的商业化发展

低空经济在测绘与巡检领域的商业化应用呈现蓬勃发展的态势，如图 4-43 所示。

图 4-43　低空经济在测绘与巡检领域商业化发展的态势

4.6.3.1　市场规模持续扩大

随着各行业对高精度测绘和高效巡检需求的不断增加，低空经济在测绘与巡检领域的市场规模持续扩大。以无人机测绘为例，据相关市场研究机构预测，未来几年全球无人机测绘市场将达到较高的复合年增长率。在电力巡检、地质监测等领域，低空飞行器的应用也越来越广泛，推动了市场规模的不断扩大。

4.6.3.2　服务模式多样化

（1）专业测绘与巡检服务

目前，市面上涌现出一批专门从事低空测绘与巡检服务的企业，他们拥有专业的飞行团队、先进的测绘与巡检设备，能够为不同行业提供定制化的服务方案。

例如，为电力企业提供输电线路定期巡检服务，为地质勘探单位提供大面积地形测绘和地质灾害监测服务等。

（2）数据处理与分析服务

除了数据采集，一些企业还专注于低空测绘与巡检数据的处理和分析。他们利用先进的软件和算法，对采集到的影像、点云等数据进行处理，生成高精度的地图、三维模型等产品，并进行数据分析和挖掘，为客户决策提供支持。

例如，通过对地质监测数据进行分析，预测地质灾害发生的概率；对电力巡检数据进行分析，及时发现线路隐患。

（3）平台一站式服务

一些企业搭建了低空测绘与巡检服务平台，通过整合无人机设备、飞行人员、数据处理等资源，实现了任务发布、资源调度、数据共享等功能，为客户提供一站式的服务。这种平台一站式服务，提高了服务效率，降低了成本，同时也方便了客户。

4.6.3.3　技术创新推动发展

（1）无人机技术

无人机的性能不断提升，包括续航时间延长、飞行速度加快、抗风能力增强等，同时，智能化水平也越来越高，具备自主飞行、避障、自动返航等功能，提高了测绘与巡检的效率和安全性。此外，小型化、便携式无人机不断发展，在一些复杂环境和狭小空间也能方便地进行测绘与巡检作业。

（2）传感器技术

各种高精度、高分辨率的传感器不断涌现，如激光雷达、倾斜摄影相机、热成像仪、高光谱成像仪等，能够获取丰富的地理空间信息和目标物体特征数据。多传感器融合技术的应用，使无人机能够在一次飞行中获取多种类型的数据，为更全面、准确的测绘与巡检提供了技术支持。

（3）数据分析与处理技术

随着人工智能、大数据、云计算等技术的发展，低空测绘与巡检数据的分析和处理能力得到了极大提升。

例如，利用深度学习算法，实现对影像数据中目标物体的自动识别和分类，快速检测出输电线路的故障点、地质灾害的迹象等；通过云计算技术，实现大规模数据的快速处理和存储，提高数据的处理效率。

4.6.3.4　行业应用不断拓展

（1）电力行业

低空飞行器在电力巡检中的应用越来越广泛，它不仅可以对输电线路进行常规巡检，还可以在恶劣天气、特殊时期（如迎峰度夏、迎峰度冬）进行加密巡检，及时发现线路的安全隐患。此外，还可以利用无人机搭载激光雷达等设备，对输电线路走廊进行三维建模，为线路规划、设计和改造提供准确的数据支持。

（2）地质行业

在地质灾害监测方面，低空经济发挥着重要作用。通过定期对地质灾害易发区进行低空测绘和巡检，能够及时发现地表变形、裂缝发展等迹象，为灾害预警和防治提供依据。在矿产资源勘查中，低空飞行器搭载物探和化探传感器，可以快速获取大面积区域的地质信息，圈定潜在的矿产资源富集区，降低勘查成本，提高勘查效率。

4.6.3.5　政策支持力度加大

为促进低空经济的发展，国家和地方政府出台了一系列政策措施。例如，中央空管委将 600 米以下的空间飞行管理权下放给合肥、杭州、深圳、苏州、成都、重庆 6 个城市的地方政府，为低空飞行器的量产落地和商业化应用提供了政策支持。同时，各地政府也在积极推进低空空域管理改革，超前布局低空基础设施，出台扶持政策等，为低空经济在测绘与巡检领域的商业化发展创造了良好的政策环境。

（1）国家层面

2021 年 2 月，中共中央、国务院印发《国家综合立体交通网规划纲要》，首次将"低空经济"的概念写入国家规划。这标志着低空经济正式上升为国家战略，也为低空经济在测绘与巡检领域的发展提供了指引。

工业和信息化部联合科技部、财政部、中国民航局印发《通用航空装备创新应用实施方案（2024~2030年）》，提出加快实现以无人化、电动化、智能化为技术特征的新型通用航空装备商业应用，推动"低空＋物流配送""低空＋城市空中交通""低空＋应急救援"等规模化发展。这也为低空经济在测绘与巡检领域的应用提供了政策支持，推动相关装备创新和应用场景拓展。

（2）地方层面

《关于支持全省低空经济高质量发展的若干政策措施》（湖南）提出，构建应急救援、医疗、国土调查与测绘、高速公路、城市低空巡查、工农林矿牧渔等低空作业体系，符合条件的可按规定实施政府购买服务，资金纳入政府购买服务预算管理。这为低空经济在测绘与巡检领域的应用提供了资金支持和政策引导，鼓励相关部门通过购买服务的方式，利用低空飞行器开展测绘与巡检工作。

《四川天府新区直管区关于促进低空经济产业发展的若干政策》提出，对开展制造、销售、维修、服务和培训等业务的低空经济企业新增固定资产投资给予补贴，支持适航取证，并对开通医疗／应急、配送等起点或终点至少一个在直管区内的低空飞行新航线及架次的低空经济企业给予资助。这些政策可鼓励低空经济企业在当地发展，间接推动了低空飞行器在测绘与巡检领域的应用。这些企业在获得补贴和资助的同时，可能会将更多的资源投入到技术研发和业务拓展中。

《漳州市促进低空经济产业高质量发展若干措施》（福建）提出，鼓励企业拓展无人驾驶航空器、直升机、eVTOL在电力巡线、岸线巡检、港口巡检、航拍测绘、农林植保、环境监测、交通监管、城市规划、市政巡检等领域的商业化应用。同时，鼓励相关部门通过政府购买服务等方式开展低空经济领域的公共服务。对低空经济领域国家级创新服务平台在漳州设立实验室或技术创新中心的给予落户奖励，支持低空基础设施建设。这为低空经济在测绘与巡检领域的发展提供了多方面的政策支持。

章后小结

本章深入探讨了低空经济在多个领域的应用，展现了其作为商业新蓝海的发展态势与巨大潜力。

在低空物流领域，凭借低空技术高效、灵活的特点重塑配送网络，利用无人机等设备来提升配送效率。目前我国低空物流产业已具备一定的规模，但也面临政策监管、技术安全等方面的挑战，需不断完善政策法规、强化技术研发。在旅游观光方面，通过开发特色旅游航线、推出专业摄影服务等方式实现低空经济商业化发展，为旅游产业注入新活力。在空中交通领域，低空经济在商务通勤、医疗救援等场景中展现了较高的商业价值，电动垂直起降技术正推动其向规模化、普及化方向发展。在城市规划中，低空经济为空间布局和基础设施建设提供了新视角，助力城市功能分区与交通网络优化。在农业领域，低空经济具有精准作业、成本可控等优势，通过无人机植保、播种等模式助力农业增效增收，但也存在技术推广难、人才短缺等问题，需要有政策扶持。在测绘与巡检领域，低空飞行器以灵活、高精度等优势广泛应用于地形测绘、电力巡检等场景，商业化发展态势良好，市场需求持续增长。

综上，低空经济在各领域的应用不断深化，为各行业发展带来新机遇，同时商业化过程中所面临的各类问题也亟待解决，以实现可持续发展。

第 **5** 章
持续发展：安全、效率与平衡

 学习目标

1. 知识掌握目标

（1）系统识别低空经济发展过程中存在的各类安全隐患，包括飞行安全、数据安全、设施安全等，深入理解这些安全隐患对行业可持续发展产生的负面影响。

（2）全面掌握安全管理体系构建与完善的具体内容，包括法规与标准建立的要点、空域管理的优化策略、先进技术的应用、基础设施建设的要求、人员培训与管理的方法、公众认知度提升的途径以及国际化合作与交流的重要性等。

（3）明确知晓低空经济效率的具体体现形式；深入分析影响低空经济发展效率的关键因素，如技术水平、管理模式、资源配置等；熟练掌握提升效率的有效途径。

（4）深刻理解低空经济发展平衡的内涵，包括产业发展与环境保护、不同应用领域之间、区域之间的平衡关系，明确平衡发展的重要意义与具体要求。

2. 能力培养目标

（1）提升安全隐患分析与风险评估能力，能够运用专业知识对低空经济领域的安全问题进行全面剖析，预测潜在的风险，制定科学合理的风险防范措施。

（2）强化低空经济效率提升能力，能够根据影响效率的因素，提出具有针对性和可操作性的改进方案，推动行业运营效率整体提升。

（3）提高统筹协调与平衡发展能力，在产业规划、项目实施过程中，能够综合考虑多方因素，实现产业发展与环境保护、不同领域及区域之间的协调发展。

（4）强化创新思维与实践能力，能够结合低空经济发展需求，探索安全管理体系创新、效率提升以及平衡发展的新模式新方法。

3. 实践应用目标

（1）在实际工作中，能够参与低空经济安全管理体系建设，利用法规标准、技术手段等，完善安全管理流程，保障低空经济活动安全有序开展。

（2）针对低空经济运营效率问题，运用所学的知识，提出合理的优化建议并推动实施，助力企业或行业提高运营效益。

（3）在低空经济产业规划与项目布局中，注重平衡发展，促进产业发展与生态保护相协调，推动不同领域或区域协同创新，为低空经济可持续发展贡献力量。

5.1　安全：低空经济发展的基石

低空飞行涉及飞行器和人员活动，一旦发生安全事故，不仅会造成人员伤亡和财产损失，还会对低空经济的发展带来负面影响，公众对低空飞行的信心也会受到打击。

5.1.1　低空经济发展过程中的安全隐患

低空经济发展过程中存在诸多安全隐患，主要体现在飞行器自身、飞行环境、人员与管理等方面，如表 5-1 所示。

表5-1 低空经济发展过程中的安全隐患

方面	具体隐患	详细说明
飞行器	设备故障	低空飞行器的系统较为复杂，包括动力系统、导航系统、控制系统等，任何一个部件出现故障都可能导致飞行事故，例如，无人机的电池故障、电机故障，或者小型飞机的发动机故障等
	质量不过关	随着低空经济的快速发展，大量飞行器涌入市场，部分产品可能存在质量不过关的情况。例如，一些小型无人机制造商为降低成本，采用劣质材料或零部件，导致飞行器在飞行过程中出现结构损坏、性能不稳定等问题
飞行环境	气象条件恶劣	低空飞行受气象条件的影响较大，大风、暴雨、雷电、低能见度等天气状况都可能对飞行安全造成威胁。例如，强风可能使飞行器偏离航线甚至失控；暴雨和雷电可能损坏飞行器的电子设备；低能见度会影响飞行员或操作人员的视线，增加碰撞风险
	地理环境复杂	复杂的地理环境，如山区、城市高楼密集区、水域等，会给低空飞行带来挑战。例如，在山区飞行时，可能会遇到气流紊乱、信号遮挡等问题；在城市中，高楼大厦会形成复杂的气流场，影响飞行器的稳定性，同时也增加了与建筑物碰撞的风险；在水域上空飞行，飞行器一旦出现故障，救援难度较大
	电磁环境干扰	现代社会电磁环境复杂，各种无线电信号、电磁干扰源可能影响飞行器的导航和通信系统。例如，手机信号基站、高压电线、雷达站等产生的电磁信号，可能会对飞行器的电子设备造成干扰，导致信号丢失、导航错误等问题
人员与管理	驾驶员资质不足	部分低空飞行器驾驶员可能未经过专业培训或缺乏飞行经验，对飞行器的操作不熟练，无法应对突发情况。例如，在遇到紧急故障或复杂天气条件时，不能正确采取应对措施，从而导致事故发生
	安全意识淡薄	一些飞行器驾驶人员安全意识不足，在飞行过程中不遵守相关规定和操作规程，如在禁飞区域飞行、超视距飞行、不进行飞行前检查等，增加了安全风险
	监管难度大	低空飞行活动范围广、次数多、速度快，监管难度较大。目前的监管技术和手段无法及时发现所有违规飞行行为，容易出现监管漏洞。例如，一些小型无人机可能在未被发现的情况下进入机场净空保护区，威胁航空安全
	空域活动复杂	低空空域划分不够明确，不同类型的飞行活动之间可能存在冲突。例如，民用无人机飞行、轻型飞机飞行与军事飞行等活动，如果空域协调不畅，容易引发安全事故

5.1.2 安全隐患对可持续发展的影响

低空经济发展过程中的安全隐患会产生许多负面影响，如图 5-1 所示。

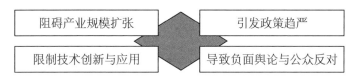

| 阻碍产业规模扩张 | 引发政策趋严 |
| 限制技术创新与应用 | 导致负面舆论与公众反对 |

图 5-1 安全隐患产生的负面影响

5.1.2.1 阻碍产业规模扩张

（1）市场信心受挫

安全隐患导致飞行事故后，会让公众对低空飞行的安全性产生担忧，进而挫伤消费者、投资者和相关企业对低空经济产业发展的信心。

例如，频繁发生的无人机坠落伤人事件或小型飞机事故，会让普通民众对低空飞行器的安全性产生怀疑，减少对相关产品和服务的需求，投资者也会因风险增加而谨慎投资，从而限制了产业规模的扩张。

（2）运营成本增加

为应对安全隐患，企业需要投入更多资金用于安全设备升级、人员培训和风险防范，这会增加运营成本。

例如，低空物流企业为确保无人机飞行安全，需购置高精度导航设备、避障系统等，同时还应加强对操作人员的培训。这些额外成本会压缩企业利润空间，阻碍产业快速发展。

5.1.2.2 限制技术创新与应用

（1）研发资源转向

企业和科研机构可能会将用于技术创新和产品研发的资源，投入到解决安全隐患上。

例如，一些无人机研发企业为满足安全要求，不得不将大量资金和人力用于改进飞行器安全性能，从而延缓了新型飞行器、飞行控制算法的创新步伐，限制了低空经济领域的技术进步。

（2）新技术应用受阻

监管部门可能会对新技术、新应用的审批更加严格，延长了审批周期。

例如，新兴的电动垂直起降飞行器（eVTOL），尽管有广阔的应用前景，但由于安全风险尚未完全明确，可能需要长时间的测试和评估才能获得商业运营许可。这在一定程度上阻碍了新技术的快速应用和推广。

5.1.2.3　引发政策趋严

（1）监管严格

政府部门会加强对低空经济的监管，出台更为严格的政策法规和标准规范。

例如，对飞行器的生产标准、飞行资质、飞行区域和高度等进行严格限制，这样虽然有助于提高飞行的安全性，但也会增加企业的合规成本和运营难度，对产业发展产生一定的制约作用。

（2）禁飞区域扩大

为保障公众和重要设施的安全，政府可能会扩大禁飞区域或限制飞行时间。

例如，在城市中心、机场周边、军事管理区等地设置更大范围的禁飞区，这样会减少低空飞行器的可用空域，限制低空经济的应用发展。

5.1.2.4　导致负面舆论与公众反对

（1）负面舆论发酵

安全隐患引发事故后，容易引起媒体的广泛关注和社会大众的广泛讨论。负面报道会放大事件的严重性，不利于低空产业发展。

例如，一旦发生低空飞行器坠落事件，就会在社会上引发强烈反响，使公众对低空经济产生抵触情绪。

（2）公众支持度降低

公众对低空经济的安全性产生怀疑后，会对相关项目和产业持反对态度，从而影响低空经济发展所需的社会环境。

例如，一些低空飞行基础设施建设或低空旅游项目，可能会因公众的反对而难以推进。

5.1.3　安全管理体系的构建与完善

安全管理体系的构建与完善，需要从法规标准、空域管理、监管体系建设等多个方面入手。

5.1.3.1　法规与标准建设

（1）完善法规体系

我国应加快出台低空经济相关法律法规，对低空经济质量管理、市场运营、安全监管、事故处理、数据保护等有关规定进一步完善，梳理低空飞行活动的审批流程、准入条件、安全要求、违规处罚等关键内容，健全低空安全监管体系。

（2）细化行业标准

进一步完善低空飞行器设计、制造、维护、运行等方面的标准，规范各类低空飞行活动的申请流程和安全要求，确保不同类型的飞行活动都能遵循统一的标准。

5.1.3.2　空域管理机制优化

（1）科学规划空域

根据不同地区的地理环境、人口密度、飞行需求等因素，合理划分低空飞行区域，明确禁飞区、限飞区和可飞区，并向社会公布。

例如，在城市中心区域、军事管理区、机场周边等设置禁飞区，在旅游景区、工业园区等设置限飞区，并明确相应的飞行高度和活动范围。

（2）建立动态空域管理机制

利用先进的技术手段实时监测空域使用情况，并根据飞行活动的实际需求，动态调整空域资源。

例如，在农业生产旺季，临时增加农用无人机作业空域；在举办大型活动时，调整周边空域的使用权限，确保低空飞行安全有序。

5.1.3.3　监管体系建设

（1）建立协同监管机制

建立有民航、军航、公安、气象等多部门参与的协同监管机制，明确各部门的职责与分工，加强信息共享和协调配合。

例如，民航部门负责对民用航空器进行监管，公安部门负责查处违规飞行行为，气象部门负责提供气象信息服务，共同保障低空飞行安全。

（2）利用数字化监管手段

利用大数据、人工智能、物联网等技术，搭建低空飞行监管平台，实现对低空飞行器的实时监测、跟踪和管理，及时发现和处理违规飞行行为，提高监管的效率和精度。建立全国统一的低空飞行数据中心，整合各类飞行数据，实现信息实时共享和智能分析，提升低空飞行活动的风险预判能力。

（3）加强飞行活动的审批

实行低空飞行活动审批制度，对飞行任务、飞行区域、飞行高度、飞行时间等进行严格审核，确保飞行活动符合安全要求。同时，优化审批流程，提高审批效率，为合法的低空飞行活动提供便利。

（4）加大日常巡查力度

加大对低空飞行活动的日常巡查力度，及时发现和纠正违规飞行行为。对违反规定的单位和个人，依法予以严肃处理，形成有效的威慑力。同时，建立举报奖励制度，鼓励公众监督，共同维护低空飞行秩序。

5.1.3.4　先进技术推广

低空经济先进的技术包括图 5-2 所示的几个方面。

安全飞行保障 👉 加大对低空飞行安全技术的研发投入，如电子围栏、雷达监测、云监控、无人机反制设备等，构建全方位、多层次的安全监管网络，提高低空飞行活动的监管效率和准确性。完善低空导航设施，推广高精度卫星导航、差分定位等技术，为低空飞行器提供准确的位置信息和导航服务。同时，加强低空通信网络建设，确保飞行器与地面控制中心之间通信畅通

安全监测与预警	采用先进的低空安全监测设备，如雷达、光电探测系统、无人机反制设备等，对低空飞行环境进行实时监测，及时发现潜在的安全风险，并发出预警信息
数据安全防护	构建完善的低空产业数据分类分级管理体系，制定数据安全管理制度，明确数据安全责任，强化数据访问控制、加密存储和传输等措施，防止数据被滥用或篡改
飞行器安全性能	鼓励企业加大研发投入，提高低空飞行器的安全性能，采用先进的材料、工艺和控制系统，增强飞行器的稳定性、可靠性和抗干扰能力。同时，加强飞行器的安全防护设计，配备必要的安全设备，如降落伞、防撞系统等

图 5-2　低空经济先进的技术

相关链接 ⟨··

低空经济安全管理中的先进技术

一、探测与识别技术

1. 雷达技术

利用低空监视雷达，能够实时监测低空飞行器的位置、速度和轨迹等信息。相控阵雷达可以快速扫描空域，实现对多个目标的同时跟踪，有效提高了监测范围和精度，同时还能及时发现禁飞区或危险区域进入的未经授权的飞行器。

2. 光电探测技术

利用光学相机、红外热成像仪等光电设备，可以对低空飞行器进行光学识别和跟踪。光电探测技术具有较高的分辨率和识别能力，能够在复杂环境中准确识别飞行器的类型、特征，精准区分正常飞行和异常飞行等行为。

3. 射频识别技术

在低空飞行器上安装射频识别标签，地面基站可以发射射频信号并读取标签信息，实现对飞行器的快速识别和定位。这种技术可以对特定区域内飞行器进行身份验证和监管，确保只有经过授权的飞行器能够进入区域。

二、通信与指挥技术

1. 卫星通信技术

利用卫星通信链路，可实现对低空飞行器的远程控制和数据传输。卫星通信具有覆盖范围广、不受地理条件限制等优点，能够确保在偏远地区或信号薄弱区域，地面控制中心与飞行器之间保持稳定的通信联系。

2. 数字集群通信技术

建立数字集群通信系统，可为低空飞行器的操作人员、监管人员提供高效的语音和数据通信服务。该技术可以实现群组呼叫、紧急呼叫等功能，方便相关人员之间协同工作和应急指挥，提高了安全管理的效率和响应速度。

3. 无人机指挥调度系统

利用专门的无人机指挥调度软件，可对多架无人机进行统一管理和调度。该系统可以根据任务需求和空域情况，自动规划飞行路线、分配任务，避免无人机之间冲突和碰撞；同时能实时监控无人机的飞行状态，及时进行调整和干预。

三、飞行安全保障技术

1. 飞行控制系统

采用先进的飞行控制系统，如自动驾驶仪、飞控计算机等，可提高低空飞行器的飞行稳定性和操控精度。飞行控制系统可以自动纠正飞行器的姿态偏差，灵活应对突发的气流变化或设备故障等问题，确保飞行器按照预定航线安全飞行。

2. 避障技术

安装激光雷达、超声波传感器、视觉传感器等避障设备，能够让低空飞行器实时感知周围环境中的障碍物，并自动采取规避措施。避障技术可以有效防止飞行器与建筑物、树木、电线等障碍物发生碰撞，降低了飞行风险。

3. 应急迫降技术

应为低空飞行器配备应急迫降装置，如降落伞、气囊等。当飞行器出现严重故障或失去控制时，应急迫降装置可以自动启动，使飞行器安全降落，减少对地面人员和财产的损害。

四、数据安全与管理技术

1.加密技术

对低空飞行器传输的数据进行加密处理，采用对称加密、非对称加密等算法，确保数据在传输过程中的保密性和完整性。加密技术可以防止数据被窃取、篡改或监听，有效保护低空经济中的敏感信息，如飞行任务计划、用户数据等。

2.区块链技术

可利用区块链的分布式账本和不可篡改特性，记录低空飞行器的飞行数据、操作记录等信息。区块链技术可以为安全管理提供可靠的数据源，便于追溯和审计，同时能防止数据被恶意篡改，提高数据的可信度和安全性。

3.大数据分析技术

收集和分析低空飞行器的飞行数据、气象数据、空域使用数据等，通过大数据分析算法，可发现潜在的安全风险和飞行规律。例如，通过分析飞行数据，发现频繁出现异常飞行行为的区域或时间段，以便及时采取措施加强监管，提高安全管理的针对性和有效性。

5.1.3.5　基础设施建设

（1）加大基础设施建设投入

在景区、商业广场、高层建筑物等满足起降标准的场所修建低空飞行器起降点，加大导航台、雷达等基础设施建设的投入，修建飞行服务站、候机厅等配套设施。

（2）优化设施布局

对传统飞行的导航设备进行硬件升级，推广使用 PBN 导航设备，提高低空飞行的精确度。

5.1.3.6　人员培训加强

加强人员培训与管理的措施如图 5-3 所示。

加强专业人才培养

在高校和职业院校开设与低空经济相关的专业课程，包括飞行技术、航空管理、航空工程等，为低空经济发展提供人才储备

开展从业人员培训

定期组织低空飞行器驾驶员、维修人员、管理人员等开展安全培训和技能提升培训，使他们熟悉相关法律法规、安全标准和操作规范，掌握先进的飞行技术和安全管理知识，提高安全意识和业务水平

建立职业资格认证体系

制定科学、严格的职业资格认证体系，涵盖从基础操作到高级管理等各个层次，确保人才的专业化和标准化

提高公众的参与意识

通过线上线下相结合的方式加强空域安全的宣传和教育，鼓励公众参与低空经济安全监管工作，举报"黑飞"等违法行为，形成全社会共同参与的良好氛围

图 5-3　加强人员培训与管理的措施

5.1.3.7　公众认知度提升

（1）开展宣传教育活动

通过多种渠道，如媒体宣传、科普讲座、社区活动等，向公众普及低空经济的相关知识和安全常识，提高公众对低空飞行的认知和理解，减少公众对低空经济发展的抵触情绪。

（2）积极回应公众

对于公众关注的低空飞行安全问题，及时进行回应和解答，并公开相关信息，增强公众对低空经济发展的信任。在重大低空经济项目实施前，充分听取公众意见，接受公众监督，确保项目的实施符合公众利益。

5.1.3.8　国际化合作与交流

（1）借鉴国际经验

在低空飞行器设计、制造、运行等方面加强与各国的合作，借鉴国外先进的经验，完善我国低空经济安全标准。

（2）加强国际交流

与各国共同应对低空经济发展中面临的安全、隐私、环境等挑战，建立对话机制，及时交流与低空安全相关的政策信息和经验做法。

5.2 效率：低空经济发展的关键

低空经济高效运行，能够降低运营成本，提高资源利用率，增强产业竞争力，促进低空经济快速发展。

5.2.1 低空经济发展效率的体现

低空经济发展的关键在于效率，主要体现在飞行效率、运营效率、资源利用效率等方面，如表 5-2 所示。

表 5-2 低空经济发展效率的体现

方面	具体表现	详细说明
飞行效率	快速运输	低空飞行器如无人机、小型飞机等，能够利用低空空间，实现快速点对点运输。在物流领域，可大大缩短货物运输时间，提高物流配送效率;在紧急救援中，能快速抵达事故现场，为救援工作争取宝贵时间
	灵活作业	低空飞行器可以灵活调整飞行高度、速度和路线，适应不同的作业环境，满足不同的任务要求。例如，在农业植保、测绘、巡检等领域，无人机能够快速穿梭于田间地头、山区林地或城市街区，高效完成各项作业任务，相比传统的作业方式，大幅提高了工作效率
运营效率	智能化管理	借助先进的信息技术，如人工智能、大数据、物联网等，实现对低空飞行器的智能化调度和管理。通过实时监测飞行器的状态、位置和任务执行情况,可优化飞行计划和资源配置，提高运营效率，降低人力成本和运营风险
	商业模式创新	随着低空经济的发展，涌现出多种商业模式，如共享飞行、无人机租赁、航空运营服务等，通过整合资源、优化流程，提高了低空飞行器的利用率和运营效率，为产业发展注入新的活力

续表

方面	具体表现	详细说明
资源利用效率	空域资源优化	科学合理地规划和管理低空空域，实现空域资源的高效利用。建立灵活的空域管理机制，根据不同的飞行需求和时段，动态调整空域使用权限，提高空域的通行能力和利用率，避免空域资源浪费
	基础设施共享	加强通用机场、起降点、导航设备等基础设施的建设和共享，提高资源利用效率。多个低空飞行运营企业可以共享机场跑道、停机坪、导航设备等资源，降低基础设施建设成本，促进低空经济产业规模化发展

提高低空经济发展效率，有助于推动产业快速发展，实现社会与经济效益最大化。

5.2.2　影响低空经济发展效率的因素

影响低空经济发展效率的因素主要有图5-4所示的几个方面。

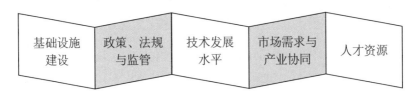

基础设施建设　政策、法规与监管　技术发展水平　市场需求与产业协同　人才资源

图5-4　影响低空经济发展效率的因素

5.2.2.1　基础设施建设

基础设施建设对低空经济发展效率的影响如表5-3所示。

表5-3　基础设施建设对低空经济发展效率的影响

序号	影响因素	具体说明
1	机场与起降场地	低空经济需要数量充足、布局合理的机场以及起降场地。若机场及起降场地过少或位置不合理，会导致飞行器起降不便，增加飞行时间和成本，限制低空经济活动开展的范围和频率

续表

序号	影响因素	具体说明
2	通信导航设施	完善的通信导航系统对于低空飞行器的安全飞行和高效调度至关重要。通信信号覆盖不全、导航精度低，会使飞行器的飞行路线受限，甚至引发安全事故
3	监视与管控设施	先进的雷达、光电探测等监视设备以及高效的空中交通管理系统，能帮助地面人员及时掌握低空飞行器的动态，实现合理调度和安全管控。缺乏这些设施，易造成空域混乱，影响飞行效率和安全

5.2.2.2　政策、法规与监管

政策、法规与监管对低空经济发展效率的影响如表 5-4 所示。

表 5-4　政策、法规与监管对低空经济发展效率的影响

序号	影响因素	具体说明
1	政策支持力度	政府对低空经济的扶持政策，如财政补贴、税收优惠、产业基金等，能吸引更多的企业参与或资本投入，加快产业的发展。反之，若政策支持力度不足，会使企业面临资金等方面难题，阻碍了企业进一步发展
2	法规完善程度	完善的法规体系是低空经济健康发展的保障。法规体系应涵盖飞行器注册、飞行资质、空域管理、安全标准等方面。若法规不完善，会导致市场混乱，影响低空产业发展
3	监管效率	高效的监管机构和合理的审批流程能在保障飞行安全的前提下，提高低空经济活动的运行效率和审批效率。监管过于严格或流程过于烦琐，会抑制市场活力；监管不足则可能引发安全问题，进而影响整个行业的发展

5.2.2.3　技术发展水平

技术发展水平对低空经济发展效率的影响如表 5-5 所示。

表 5-5　技术发展水平对低空经济发展效率的影响

序号	影响因素	具体说明
1	飞行器技术	飞行器的性能，如飞行速度、续航能力、载重能力、可靠性等，直接影响低空经济的发展和效率。先进的飞行器有助于拓展应用领域，提高作业效率。例如，新型电动无人机的出现，降低了运营成本，提高了物流配送、农业植保等领域的运营效率

续表

序号	影响因素	具体说明
2	通信与控制技术	稳定的通信技术和精准的控制技术，能实现飞行器的远程控制、数据实时传输和智能化飞行，提高飞行的安全性和效率。例如，5G 技术的应用能大大提升无人机通信的稳定性和数据传输速度，使任务执行更加高效
3	数据分析与处理技术	在低空物流、低空旅游等领域，通过对大量飞行数据、市场数据等进行分析，能优化飞行路线、提高运营管理水平。数据分析与处理技术落后，会导致资源配置不合理，空域管理混乱

5.2.2.4　市场需求与产业协同

市场需求与产业协同对低空经济发展效率的影响如表 5-6 所示。

表 5-6　市场需求与产业协同对低空经济发展效率的影响

序号	影响因素	具体说明
1	市场需求规模	市场对低空经济相关产品和服务的需求，决定了产业的发展空间和潜力。若市场需求旺盛，会吸引更多的企业参与，促进技术创新和效率提升，推动产业快速发展。例如，航拍、农业植保、物流配送等领域对低空飞行器的需求不断增长，带动了相关产业的发展
2	产业协同程度	低空经济涉及航空制造、电子信息、物流、旅游等多个产业，各产业之间的协同配合至关重要。产业协同发展能实现资源共享、优势互补，提高产业链的整体效率。例如，航空制造企业与物流企业合作，共同研发适合物流配送的飞行器，能提高物流配送效率，推动低空经济应用场景不断拓展

5.2.2.5　人才资源

人才资源对低空经济发展效率的影响如表 5-7 所示。

表 5-7　人才资源对低空经济发展效率的影响

序号	影响因素	具体说明
1	专业技术人才	飞行器研发、制造、维护，通信导航，空中交通管理等方面的专业技术人才是低空经济发展的核心力量。人才短缺会限制技术创新和产业拓展，影响低空经济的发展效率

续表

序号	影响因素	具体说明
2	运营管理人才	具有低空经济相关领域管理经验的人才，能合理规划产业布局、优化运营流程、提高企业的经济效益。缺乏专业的运营管理人才，会导致企业管理混乱，资源利用效率低下

5.2.3　提升效率的途径

提高低空经济发展效率的途径主要有以下几点。

5.2.3.1　加大政策支持力度

（1）空域管理政策

空域管理政策的支持体现在表 5-8 所示的几个方面。

表 5-8　空域管理政策的支持

序号	内容	说明
1	合理划分低空空域	合理划分低空空域，如管制空域、监视空域和报告空域等，明确各类空域的范围和使用规则，为不同类型的低空飞行器提供清晰的飞行指导
2	简化飞行审批流程	建立统一的低空飞行审批平台，实现"一站式"办理减少审批环节，缩短审批时间，提高飞行效率
3	扩大空域开放范围	逐步扩大低空经济活动的空域范围，特别是在城市周边、产业园区等低空服务需求旺盛的区域，释放更多的空域资源

（2）基础设施建设政策

基础设施建设政策的支持体现在表 5-9 所示的几个方面。

表 5-9　基础设施建设政策的支持

序号	内容	说明
1	加大通用机场建设力度	制定通用机场建设规划，加大对通用机场建设的资金投入和政策支持，鼓励将社会资本用于通用机场的建设和运营
2	完善配套设施	规划建设无人机起降平台、充电场等配套设施，同时完善低空航空气象监测设施，提高气象预报的准确性和及时性
3	推进低空数字系统建设	利用物联网、云计算、人工智能等技术，构建低空智联网和数字孪生系统，实现对低空空域的实时监测和管理

（3）产业发展政策

产业发展政策的支持体现在表5-10所示的几个方面。

表5-10　产业发展政策的支持

序号	内容	说明
1	培育链主企业，打造产业园区	通过政策引导和资金扶持，培育低空经济链主企业，并发挥其引领带头作用，同时打造低空经济产业园区，促进产业链上下游企业集聚发展
2	支持产业创新和成果转化	鼓励企业、高校和科研机构开展低空技术研发活动，对创新型企业给予税收优惠、财政补贴等支持，同时建立科技成果转化平台，加速科技成果的产业化应用
3	促进产业协同发展	推动低空经济与航空制造、电子信息、物流、旅游等产业协同发展，形成完整的产业链和产业生态

（4）市场培育政策

市场培育政策的支持体现在表5-11所示的几个方面。

表5-11　市场培育政策的支持

序号	内容	说明
1	鼓励应用场景创新	出台相关政策，鼓励在物流配送、城市交通、旅游观光、农业植保、应急救援等领域拓展低空飞行器的应用，培育新的市场需求
2	加强市场监管	建立健全低空经济市场监管体系，加强对飞行器生产、销售、运营等环节的监管，规范市场秩序，保障消费者权益和飞行安全
3	培育低空消费市场	通过发放消费券、举办宣传活动等方式，引导消费者了解和接受低空经济相关产品和服务，培育低空消费市场

（5）人才培养政策

人才培养政策的支持体现在表5-12所示的几个方面。

表5-12　人才培养政策的支持

序号	内容	说明
1	加强专业人才培养	鼓励高校和职业院校开设低空经济相关专业，培养飞行器研发、制造、维护、驾驶及空中交通管理等方面的人才
2	引进高端人才	制定人才引进政策，吸引国内外低空经济领域的高端人才和创新团队，为低空经济发展提供智力支持
3	开展职业技能培训	针对在职人员和有意向进入低空经济领域的人员，开展各类职业技能培训，提高从业人员的专业素质和技能水平

（6）资金管理政策

资金管理政策的支持体现在表 5-13 所示的几个方面。

表 5-13　资金管理政策的支持

序号	内容	说明
1	加大财政资金投入	设立低空经济发展专项资金，用于基础设施建设、技术创新及产业培育；对重点项目和企业给予资金补贴、税收优惠等扶持
2	鼓励社会资本投入	发挥政府的引导作用，鼓励银行、投资机构等积极参与低空经济应用场景的拓展
3	创新金融产品和服务	鼓励金融机构开发适合低空经济产业的金融产品和服务，如知识产权质押融资、融资租赁、供应链金融等，为企业提供多元化的融资渠道

5.2.3.2　优化空域资源配置

优化空域资源配置对于提升低空经济发展效率至关重要，以下是一些具体措施。

（1）科学规划低空飞行区域

① 明确区域功能：根据不同地区的地理环境、人口密度、发展需求以及航空活动特点，对低空空域进行细致划分。

例如，在城市郊区或工业园区，可设置以物流配送为主的低空飞行区域；在旅游资源丰富的地区，可设置适合观光飞行、空中游览的区域；在农业产区，划定专门的农用无人机作业区域，用于开展播种、施肥、植保等农业生产活动。

② 灵活划分飞行高度层：根据不同类型飞行器的性能和飞行需求，合理划分低空飞行高度层。一般来说，可将低空空域划分为多个高度区间，如 0～300 米、300～600 米、600～1000 米等，供不同类型的飞行器使用。同时，要明确各高度层的使用规则和限制条件，避免飞行冲突。

例如，轻型运动飞机主要在 300～1000 米高度层飞行，而多旋翼无人机则主要在 300 米以下高度层飞行，但在执行特殊任务时，可根据实际情况临时调整飞行高度。

（2）建立动态空域管理机制

① 实时监测空域使用情况：利用先进的监测技术，如雷达、ADS-B（广播式自动相关监视）、无人机反制系统等，实时获取低空飞行器的位置、速度、高度等信息，以及空域内的气象条件、障碍物分布等数据。通过对这些数据进行分析和处理，可准确掌握空域的使用状况，及时发现潜在的飞行冲突和安全隐患。

② 根据需求动态调整空域：基于实时监测的数据和对低空经济发展需求的预测，建立灵活的空域调整机制。当某一区域的低空飞行活动增加时，可增加空域面积；反之，当需求减少时，可相应缩小空域范围，将资源调配到其他更需要的区域。

例如，在节假日或大型活动期间，旅游景区周边的观光飞行大幅活动增加，此时可临时扩大低空飞行区域，同时对其他非关键区域的飞行活动进行适当限制。

（3）加强空域管理部门间的协同合作

① 建立跨部门协调机制：对低空空域进行管理的部门众多，如民航局、空军、地方政府等。为了实现空域资源的优化配置，需要建立跨部门的协调机制，并明确各部门的职责和权限，加强部门之间的沟通与协作。

例如，由各相关部门成立低空空域管理协调小组，定期召开会议，共同商讨空域规划、飞行审批、安全监管等重要事项，并及时解决空域管理中存在的问题。

② 实现信息共享与互联互通：建立统一的低空空域管理信息平台，由各部门将各自掌握的空域信息、飞行计划、气象数据等上传至平台，实现信息的共享与互联互通。通过信息平台，各部门可以实时了解空域的整体情况，及时掌握飞行活动的动态信息，从而更加科学地进行空域资源调配和管理。

例如，民航管理部门可以通过信息平台了解地方政府的低空旅游飞行活动计划，提前做好相关的空域协调和飞行保障工作；空军可以根据地方政府的低空飞行需求，合理调整军事训练活动的时间和范围，实现军民航空域资源的统筹安排。

（4）完善空域使用法规和标准体系

① 制定完善的低空飞行法规：针对低空经济发展的特点和需求，制定完善

的低空飞行法规和规章，明确低空飞行器的定义、分类、资质要求、飞行规则、安全标准等内容。

例如，明确无人机在人口密集区域飞行的高度限制、与建筑物和人群的安全距离等；从事经营性低空飞行活动的企业和个人，应具备相应的资质，并办理相应保险，以确保飞行活动的合法性和安全性。

② 建立空域使用标准与规范：制定空域使用的标准和规范，包括空域划分标准、飞行流量管理标准、空域安全评估标准等，使空域资源的配置和管理有章可循、有法可依。

例如，根据不同类型的低空飞行活动，制定相应的空域容量评估标准，合理控制飞行流量，避免空域拥堵和飞行冲突。同时，定期对空域使用情况进行评估，及时发现和消除安全隐患，确保低空飞行活动安全高效地开展。

5.2.3.3 借助先进的技术

（1）飞行管理方面

① 空中交通管理系统

实时监控与指挥：部署先进的空中交通管理系统，通过雷达、ADS-B（广播式自动相关监视）等设备，对低空飞行器进行实时定位和跟踪。管制员可在指挥中心的监控屏幕上清晰看到每架飞行器的位置、速度、高度等信息，一旦发现潜在冲突，及时发出指令，引导飞行器进行避让或调整航线。

例如，当两架无人机在同一空域比较接近时，系统会自动报警，管制员可通过语音通信或数据链向无人机操作员下达指令，确保飞行安全。

飞行计划自动处理：飞行计划自动处理系统能够自动接收、处理和存储飞行器的飞行计划，并对飞行计划进行合法性检查和冲突检测。对于符合要求的飞行计划，系统会自动生成飞行许可，并将相关信息发送给飞行器和相关保障单位。同时，系统还能根据实时的空域状况和气象条件，对飞行计划进行优化与调整，为飞行器规划最佳的飞行路线，减少不必要的等待时间。

② 大数据技术

飞行数据分析与预测：收集大量的低空飞行数据，包括飞行时间、航线、高度、天气状况、飞行事故等信息，通过大数据分析技术，挖掘数据背后的规律和趋势，预测不同区域、不同时段的飞行流量和潜在风险。

例如，通过分析历史数据发现，某一区域在特定季节、特定时间段容易出现空域拥堵情况，因此需要提前采取相应的疏导措施，如调整空域使用范围、增加临时飞行路线等。

优化资源配置：根据大数据分析的结果，对空域资源、地面保障设施等进行优化配置。根据不同区域的飞行需求，合理规划机场、起降点的布局；根据飞行器的使用频率和故障情况，优化维护保养方案，提高设备的可靠性和利用率。

③ 人工智能技术

智能调度与决策：将人工智能算法应用于低空飞行调度系统，根据实时的飞行数据和复杂的环境条件，自动生成最优的调整方案。

例如，当天气突变时，人工智能系统可以快速分析所有受影响的飞行计划，综合考虑飞行器的性能、乘客需求、任务紧急程度等情况，重新规划航线，调整飞行时间。

自主避障与安全控制：在飞行器上融合人工智能技术，实现自主避障和安全控制。通过搭载的传感器实时感知周围环境，利用机器学习算法对障碍物进行识别和预测，飞行器能够自主规划安全的飞行路线，避免与障碍物发生碰撞。

例如，无人机在复杂的城市环境中飞行时，能够自动避开建筑物、电线等障碍物，确保飞行安全和效率。

（2）产业发展方面

① 推动无人机技术创新与应用

加大对无人机研发的投入，提高无人机的续航能力、载重能力和飞行性能；制造适用于不同场景的无人机产品，如农业植保无人机、物流配送无人机、测绘无人机等。同时，利用人工智能和机器学习技术，实现无人机的自主飞行、智能避障和任务自动执行等功能，拓展无人机在各行业的应用边界。

② 促进航空航天制造业升级

借助先进的制造技术，如增材制造（3D 打印）、智能制造等，提高航空器零部件的制造精度和效率，降低生产成本。加强新型材料的研发和应用，提高飞行器的性能和可靠性。此外，利用虚拟现实和增强现实技术，优化产品设计和生产流程，提高产品质量和生产效率。

（3）基础设施建设方面

① 建设智能化低空飞行基础设施

利用智能传感器、智能控制等技术，建设智能化的低空飞行起降点、充电站、维修站等基础设施，实现起降点的自动化管理。同时，利用大数据和物联网技术，对基础设施进行远程监控和管理，提高设施的使用效率和维护水平。

② 打造低空通信网络

构建专门的低空通信网络，采用 5G、卫星通信等先进技术，为低空飞行器提供稳定、高效的通信服务。实现飞行器与地面控制中心、其他飞行器之间的数据实时传输和通信，保障飞行安全和执行效率。此外，利用软件定义网络（SDN）和网络功能虚拟化（NFV）技术，优化通信网络的资源配置，提高网络的灵活性和可扩展性。

5.3　平衡：低空经济发展的保障

低空经济的平衡发展涵盖产业发展与环境保护、不同应用领域、区域发展等多个层面，它们相互关联、相互影响，共同推动低空经济可持续发展。

5.3.1　产业发展与环境保护的平衡

在低空经济商业化的浪潮下，产业发展与环境保护的平衡是核心问题：既要推动低空经济商业化的发展，又要减少对生态环境的影响。

5.3.1.1　产业发展与环境保护不平衡的体现

低空经济体系庞大，无人机制造、航空旅游、物流运输等产业快速崛起，为经济增长注入强劲动力。无人机物流凭借空中优势，有效缓解地面交通压力，大幅提升货物运输效率，催生出新的经济增长点；低空旅游项目凭借独特的空中视角和新奇体验，吸引大量游客，带动当地餐饮、住宿、零售等相关产业协同发展，成为地方经济增长的重要引擎。

然而，产业发展的同时，环境问题也不容忽视，主要体现在表 5-14 所示的几个方面。

表 5-14　产业发展中的环境问题

方面	具体表现	说明
环境污染问题	大气污染	通用航空器运行时，会排放氮氧化物、碳氢化合物等废气，导致低空大气质量下降。例如，在低空旅游较为集中的地区，频繁飞行的小型飞机或直升机的尾气排放会对当地空气质量产生一定影响
	噪声污染	航空器飞行时产生的高分贝噪声，会影响野生动物宁静的栖息环境，干扰候鸟迁徙，破坏食物链结构，进而破坏生态系统平衡。同时，也会干扰周边居民的正常生活，降低居民生活质量
生态破坏问题	旅游开发过度	在低空旅游项目推进过程中，部分开发商受短期经济效益驱使，不顾生态保护的红线，过度开发旅游项目，可能会破坏自然水文循环与土壤结构，导致水土流失问题加剧、生物多样性丧失
	设施建设不当	低空经济配套设施建设，如通用机场、起降点等，若选址不合理，可能会占用大量生态用地，破坏自然景观和生态系统的完整性
产业发展布局问题	企业目光短浅	部分企业为追求短期利益，在项目规划和实施中，未充分考虑环境因素，缺乏对生态环境的评估和保护措施，只注重经济效益，忽视了环境成本，导致产业发展与环境保护脱节
	地方政府急功近利	一些地方政府为了追求政绩，盲目引进低空项目，对项目的评估不够严格，甚至为了项目落地而降低环保要求。同时，在产业布局上缺乏科学规划，没有充分考虑当地的生态承载能力
监管与技术问题	监管不到位	低空经济发展迅速，监管体系却不够完善。部分地区的监管部门在监管设备配置、监管手段更新上存在滞后性，对一些违反环保规定的低空经济活动难以做到及时发现和有效制止
	环保技术应用不足	对于一些环保型的技术和设备，部分企业出于成本因素的考虑，不愿意采用。例如，一些老旧的通用航空器没有进行环保改造，仍使用高污染、高能耗的发动机，增加了对环境的污染

5.3.1.2　实现产业发展与环境保护平衡的措施

要想实现产业发展与环境保护的平衡，需要从政策制定、技术创新、产业规划以及公众意识提升等多方面入手，采取合理的措施，在推动产业发展的同时，最大程度减少对环境的影响，具体如图 5-5 所示。

图 5-5　实现产业发展与环境保护平衡的措施

（1）制定完善的政策法规

① 环境评估制度：建立严格的低空经济项目环境评估制度，在项目规划阶段，对可能产生的环境影响进行全面、科学的评估。

例如，对于低空旅游项目，要评估飞行活动对周边生态系统、野生动物栖息地以及居民生活环境的影响；对于物流配送中心的建设，要考虑土地占用、噪声污染等问题。同时根据评估结果，制定相应的环境保护措施和项目审批标准，确保项目合法合规开展。

② 环保激励政策：出台相关的激励政策，鼓励企业采用环保型技术和设备。

例如，对使用清洁能源驱动的低空飞行器企业给予税收优惠、财政补贴，对在环保方面表现优异的企业进行表彰和奖励，引导产业向绿色环保方向发展。

（2）推动技术创新与应用

① 开发清洁能源：加大对清洁能源技术的研发投入，推广使用电能、混合动力等清洁能源驱动的飞行器。这些飞行器具有低噪声、零排放或低排放的特点，能有效减少对环境的污染。

例如，一些小型电动无人机已在物流配送和农林作业中得到应用，未来可能逐步替代传统燃油动力飞行器。

② 改进飞行器设计：通过改进飞行器的设计，降低噪声等级和能源消耗。采用先进的空气动力学设计，提高飞行器的能效，减少能源消耗和污染物排放。同时，研发高效的降噪技术，降低飞行过程中的噪声污染，减少对周边居民生活

和生态环境的干扰。

③ 优化飞行路径：借助大数据、人工智能等技术，对低空飞行路径进行优化。根据气象条件、地形地貌、环境保护等因素，为飞行器规划出最合理的飞行路线，减少能源消耗和对环境的影响。

例如，在低空旅游项目中，通过智能算法规划出既能让游客欣赏到美景，又能减少环境污染的飞行路线。

（3）加强产业规划与布局

① 合理选址：在规划低空经济产业园区、机场、起降点等设施布局时，充分考虑环境因素，避开生态保护区、水源地、人口密集区等环境敏感区域。选择在生态承载能力较强、环境敏感度较小的区域进行建设，同时做好与城市总体规划和生态保护的衔接。

② 产业协同发展：促进低空经济与其他相关产业协同发展，实现资源共享和循环利用。

例如，将低空物流与城市绿色交通体系相结合，利用低空飞行器进行"最后一公里"配送，减少地面车辆运输带来的尾气排放和交通拥堵；在农林作业中，将低空植保与生态农业相结合，采用环保型农药和施肥技术，减少对土壤和水体的污染。

（4）强化环境监测与管理

① 建立环境监测体系：建立健全低空经济环境监测体系，利用地面监测站、卫星遥感、无人机监测等多种手段，对低空飞行活动进行实时监测，包括空气质量、噪声水平、生态系统变化等内容，为环境管理提供科学依据。

② 严格执法监管：加强对低空经济活动的监管力度，严格执行环保法律法规和标准。对违反环保规定的企业和项目进行严肃查处，责令限期整改，确保各项环保措施落实到位。同时，建立跨部门联合执法机制，加强环保、交通、民航等部门之间的协调配合，形成监管合力。

（5）提升公众环保意识

① 宣传教育：通过各种渠道，加强对低空经济与环境保护相关知识的宣传，提高公众对低空经济发展中环境保护的认知。

例如，开展环保主题活动、举办科普讲座、发布公益广告等，向公众普及低空飞行的环保措施和政策法规，增强公众的环保意识。

② 公众参与：建立公众参与机制，鼓励公众对低空飞行活动进行监督。

例如，在项目评估阶段，广泛征求公众意见，接受公众的监督；邀请公众参与环境监测和保护活动，形成全员参与的良好氛围。

5.3.2　不同应用领域之间的平衡

低空经济的发展，要兼顾旅游、物流、农林作业等多个领域，避免出现发展失衡。

5.3.2.1　不同应用领域之间不平衡的表现

不同应用领域之间不平衡的表现如图 5-6 所示。

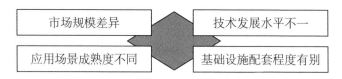

图 5-6　不同应用领域之间不平衡的表现

（1）市场规模差异

① 运营场景采购占比高

据赛迪顾问统计，2024 年中国低空经济领域产品及服务采购活动中，低空运营场景的采购占比最多，达 67.5%。而其他场景如飞行器制造的采购占比相对较低。这表明低空运营场景在当前市场中受到的广泛关注，资金投入较大。

② 服务领域投融资少

2024 年中国低空经济领域投融资活动多发生在低空飞行器制造领域，共计 123 件，占比达 76.4%。而低空经济服务领域的相关投融资活动仅 16 件，占比 9.9%。这反映出资本对不同低空经济应用领域的偏好差异，低空运营服务领域获得的资金支持较少，不利于该领域的快速发展和创新。

（2）应用场景成熟度不同

① 部分应用场景发展成熟

农林植保和电力巡检等应用场景发展较为成熟。这些领域通过长期的实践和技术积累，已经形成相对稳定的商业模式和运营规范，能够较好地发挥低空飞行器的优势，实现经济效益和社会效益的双赢。

② 一些新型消费场景发展不成熟

例如，低空文旅等新型消费场景，目前还处于探索和培育阶段，面临着市场需求不稳定、运营成本高、盈利模式不清晰等问题，企业对政府政策和订单依赖度较高。

（3）技术发展水平不一

① 部分领域技术更新快

在一些与科技发展紧密结合的低空经济领域，如无人机物流配送、智慧城市管理等，技术更新速度较快。这些领域不断引入人工智能、大数据、5G 等先进技术，提升飞行器的性能和智能化水平，以满足日益增长的市场需求，适应复杂的应用场景。

② 部分领域技术瓶颈难突破

而在另外一些领域，如低空载人运输等，由于涉及更高的安全标准和技术要求，面临着飞行器续航能力、安全性保障、适航认证等方面的技术瓶颈，导致技术发展相对缓慢，商业化应用也受到限制。

（4）基础设施配套程度有别

① 部分领域基础设施完善

在一些发展较为成熟的低空经济应用领域，如通用航空运输等，配套的基础设施相对完善，机场、起降点、导航设备、通信系统等基础设施比较健全，能够为飞行器的安全运行提供有力保障。

② 新兴领域基础设施建设滞后

一些新兴应用领域的基础设施，如低空物流配送的末端起降设施、低空旅游的特色起降点等，建设还相对滞后，限制了这些行业的发展规模和速度，无法充分发挥低空经济的优势。

5.3.2.2　不同应用领域之间不平衡带来的影响

不同应用领域之间不平衡会给产业发展、市场秩序、社会民生等带来影响，如图 5-7 所示。

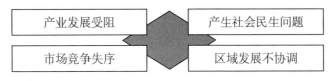

图 5-7　不同应用领域之间不平衡带来的影响

（1）产业发展受阻

产业发展受阻的表现如图 5-8 所示。

产业链发展失衡

低空经济产业链涉及飞行器制造、运营服务、基础设施建设等多个环节。部分领域过度发展，而其他领域相对滞后，会导致产业链上下游企业难以发挥协同效应。例如，飞行器制造发展过快，而运营服务发展不足，会造成飞行器产能过剩，无法通过有效运营实现价值转化，进而影响整个产业链的健康发展

创新动力不足

发展不平衡使资源过度集中在少数领域，而这些领域又会因为竞争激烈而出现创新同质化问题，缺乏对新技术、新应用探索的动力。而那些发展缓慢的领域，由于缺乏资金、人才等资源支持，难以开展创新研究，导致整个低空经济领域的创新活力受到抑制

图 5-8　产业发展受阻的表现

（2）市场竞争失序

市场竞争失序的表现如图 5-9 所示。

资源分配不均

资源向优势领域集中，使该领域的企业能够获得更多的资金、技术、人才等资源，进一步扩大优势，从而形成垄断或寡头竞争的市场格局。这样会挤压其他领域企业的生存空间，导致市场竞争不公平，不利于中小企业的发展和创新

价格波动异常

不同应用领域的不平衡发展会导致市场供需关系失衡。在热门领域，由于过度投资和产能扩张，可能会出现供大于求的情况，导致产品和服务价格下降，企业利润受损。而在一些发展不足的领域，由于供给短缺，可能会出现价格虚高的现象，增加用户成本，抑制市场需求增长

图 5-9　市场竞争失序的表现

173

（3）产生社会民生问题

产生社会民生问题的表现如图 5-10 所示。

就业结构失衡	公共服务不均等
低空经济不同应用领域的不平衡发展会导致就业岗位分布不均匀。发展较好的领域，能够提供较多的就业岗位，吸引大量人才涌入；而发展滞后的领域，则就业机会有限，会造成人才浪费和就业结构失衡。这样不仅会影响劳动者的个人发展，也不利于社会的稳定和和谐	低空经济在不同应用领域的不平衡发展可能会导致公共服务供给不均衡。例如，通用航空运输发展较好的地区，居民能够享受到便捷的出行服务。但在低空旅游、农林作业等领域发展不足的地区，居民无法享受低空经济服务带来的便利和福利，影响了社会公共服务的公平性

图 5-10　产生社会民生问题的表现

（4）区域发展不协调

区域发展不协调的表现如图 5-11 所示。

区域差距加剧	产业布局不合理
经济发达的地区在低空经济某些领域具有先发优势，能够吸引更多的资源投入，进一步推动低空产业的发展，而不发达地区则由于资源匮乏，低空经济发展缓慢。这种不平衡会加大区域之间的差距，不利于区域协调发展	不同地区低空经济发展不平衡，可能导致产业布局不合理。一些地区可能会盲目跟风发展热门项目，而忽视了自身的资源禀赋和产业基础，造成重复建设和资源浪费。同时，发展不平衡也会影响区域间的产业协同和资源共享，阻碍了区域产业一体化的进程

图 5-11　区域发展不协调的表现

5.3.2.3　确保不同应用领域平衡发展的措施

为促进低空经济不同应用领域的平衡发展，可采取表 5-15 所示的措施。

表 5-15　促进低空经济不同应用领域平衡发展的措施

方面	具体措施	说明
政策引导	制定差异化政策	深入分析各应用领域的特点和发展需求，制定有针对性政策。对于发展滞后的低空文旅等新型消费场景，在税收、补贴等方面给予更多支持，如提供运营补贴、税收减免等，降低企业运营成本，鼓励其创新发展
	加强统筹与规划	将低空经济纳入国家和地方经济发展规划，明确各应用领域的发展目标和重点任务。合理布局通用机场、起降点等基础设施，避免资源过度集中在某些领域或地区，引导资源向薄弱领域倾斜
资金扶持	设立专项基金	设立低空经济发展专项基金，专门用于不同应用领域的项目开发、技术研发和基础设施建设。同时根据各领域的发展需求和战略重点，合理分配资金，确保资金投向最需要的领域
	吸引社会资本	鼓励投资机构积极参与低空经济各产业的发展。通过建立多元化的投融资机制，如 PPP 模式等，吸引更多资金投入到低空旅游、物流等发展潜力大的领域
技术创新与协同	加大研发投入	鼓励企业和科研机构对不同应用领域的技术问题进行攻关，如提高低空载人飞行器的续航能力、安全技术的创新以及特色飞行器的研发等。政府可通过设立科研基金、税收优惠等方式，支持企业开展技术创新活动
	促进协同创新	搭建产学研用协同创新平台，加强飞行器制造企业、运营企业、科研机构和高校之间的合作，推动低空技术在不同应用领域的转化和应用。例如，促进先进导航技术在低空文旅领域的应用，提升低空飞行器在复杂环境下飞行的安全性和精确度
市场培育与拓展	培育新兴市场需求	通过宣传推广、举办体验活动等方式，提高公众对低空经济各类应用的认知度和接受度，培育低空旅游、低空物流等新兴市场需求。例如，开展低空旅游宣传、组织公众体验低空飞行，激发潜在市场需求
	拓展应用边界	鼓励企业探索低空经济在新领域的应用，例如，结合智慧城市建设，拓展低空飞行器在城市安防、环境监测等领域的应用，为低空经济发展开辟新的市场空间，促进各领域平衡发展

方面	具体措施	说明
人才培养 与引进	完善人才培养 体系	优化高校相关专业设置，如开设低空飞行器设计、低空运营管理等专业课程，加强低空经济领域专业人才的培养。同时，加强职业技能培训，提高从业人员的专业素质和技能水平
	引进高端人才	制定优惠政策，吸引国内外低空经济领域的高端人才和创新团队，为低空经济各领域的发展提供智力支持和技术引领。例如，给予高端人才住房补贴或科研启动资金，鼓励其投身低空经济产业的创新发展

5.3.3　区域之间的平衡

5.3.3.1　区域之间不平衡的体现

我国地域辽阔，不同地区在经济基础、地理环境、政策条件等方面存在显著差异，这导致低空经济发展呈现区域不平衡态势，主要体现在以下几个方面。

（1）基础设施建设不均衡

① 通用机场数量差异

黑龙江省通用机场的数量最多，达 90 个；广东、江苏等省份通用机场的数量也相对较多；而青海、西藏等地通用机场数量为 0。机场数量的差距使低空飞行的基础保障能力在不同区域存在显著差异，限制了部分地区低空经济的发展。

② 空域资源分配不均

全国通航使用的低空空域不足 30%，且分布不均、未能成网连片。一些经济发达的地区或试点地区，如四川、广东等，在空域使用与管理方面走在了前列。四川省自 2018 年以来，试点空域扩展至 7800 余平方千米，形成了低空飞行网络。但其他一些地区，空域资源紧张，限制了低空飞行器的活动范围。

（2）产业发展水平不同

① 企业数量与规模存在差距

从低空经济相关企业的数量来看，广东、河南、北京位列全国前三，其中广东占比重高达 20.23%。广东、上海、四川等航空或电动汽车产业链基础较强的省份（市）纷纷布局 eVTOL（电动垂直起降飞行器）制造，低空经济产业发迅速。而一些中西部地区和经济不发达地区，企业数量少，产业规模小，在低空飞行器制造、运营服务等方面发展滞后。

② 产业集群分布不均

我国正在加速形成华东、东北、西北、西南、中部区域一体化的五大航空产业集群。长三角地区制造优势显著，围绕大飞机产业链，聚焦"民航 + 通航"制造；珠三角地区低空经济起步较早，广州、深圳的低空技术创新和智能制造优势明显；西部地区航空基础与军工生产紧密相关，成都重点推进工业无人机发展。相比之下，其他地区产业集群发展不明显，难以发挥产业协同效应。

（3）技术创新能力有别

① 创新活力不同

根据《2025 中国低空经济城市发展指数》报告，在技术创新活力方面，北京、成都、深圳位于榜单前三。这些城市拥有充足的科研资源、创新主体，在无人机技术、航空材料、飞行控制系统等方面的研发投入较大，创新成果较多。而一些中小城市和经济落后地区，由于人才、资金等资源匮乏，技术创新能力不足，难以推动低空技术快速发展。

② 人才分布不均

陕西、四川、北京、山东及广东等地拥有较多的航空专业院校，为低空经济产业输送了大量的专业人才。同时，山东、广东、四川、河南及湖北等地的无人机操控员执照颁发数量位居全国前列。人才的集中分布使这些地区在技术研发、应用创新等方面具有优势，而人才短缺的地区则面临技术发展瓶颈。

（4）市场应用程度不一

① 应用场景不同

经济发达地区和政策支持力度大的地区，如珠三角、长三角等地，低空经济的应用场景丰富，涵盖物流、旅游、城市交通、应急救援等多个领域。例如，合肥开通了商业性空中游览航线；深圳初步构建了支撑低空经济的"四张网"，实现各类飞行器的统一管理。而在一些经济不发达地区，低空经济应用场景单一，主要集中在农业植保等传统领域，市场规模和发展潜力有限。

② 消费市场成熟度差异

在公务飞行、私人飞行等消费领域，我国通用航空主要集中在工农业和社会公共服务行业，市场总额占比 80% 以上，而且全国能够全年持续稳定运行的通用航空线路不足 10%。经济发达地区的居民收入水平高，对低空旅游、私人飞行等消费需求相对较高，市场培育相对成熟。而在一些中西部地区和经济不发达地区，消费市场尚未充分开发，居民对低空经济消费的认知度和接受度较低。

5.3.3.2　实现区域平衡的措施

要想实现我国区域之间低空经济的平衡发展，可从以下几个方面着手。

（1）制定差异化政策

为实现区域之间的平衡，国家层面可制定差异化的发展政策，聚焦财政支持、产业布局、土地政策、人才政策等方面，具体措施如图 5-12 所示。

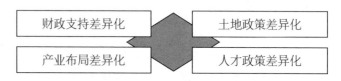

图 5-12　差异化政策的具体措施

① 财政支持差异化

第一，设立专项发展基金

为低空经济发展滞后的地区设立专项扶持基金，例如，为中西部地区、东北地区每年提供 5 亿～10 亿元的专项基金，用于通用机场建设、低空飞行服务保障体系搭建等项目。

针对经济发达但低空经济发展受限的地区，如长三角、珠三角部分地区，设立空域优化与产业升级专项基金，重点开展城市空中交通管理系统升级、无人机物流配送等项目，每年投入 3 亿～5 亿元。

第二，给予税收优惠

对于在经济不发达地区投资低空经济产业的企业，给予更长期限和更大力度的税收减免。

例如，在新疆、青海等地新设立的低空飞行器制造企业，可享受前 5 年免征后 5 年减半征收企业所得税的优惠政策。

对于在经济发达地区从事低空经济高端应用研发的企业，给予研发费用加计扣除的优惠政策。

例如，在北京、上海等地，相关企业的研发费用可按 175% 加计扣除。

② 产业布局差异化

第一，根据资源禀赋布局

在旅游资源丰富的地区，如云南、贵州、四川等地，发展低空旅游产业，鼓励企业开发低空旅游线路，建设低空旅游服务设施。

在农业资源丰富的平原地区，如华北平原、东北平原，重点扶持无人机农林植保、农业遥感监测等产业发展。通过政府补贴等方式，鼓励农业企业和合作社采用无人机技术开展农业生产，提高农业生产效率。

第二，根据产业基础布局

在航空制造业发展较好的地区，如陕西、辽宁等地，进一步加强通用飞机、无人机等飞行器的研发与制造。政府可加大对相关企业研发的投入，建设航空产业园区，推动产业集群发展，打造完整的航空产业链。

在物流产业发达的地区，如广东、浙江等地，鼓励开展无人机物流配送、城市空中交通等业务，同时完善城市空中交通管理规范，为产业发展创造良好的政策环境。

③ 土地政策差异化

第一，土地资源优先保障

对于低空经济重点发展区域，如通用航空产业园区、无人机试验场等，在土地资源上给予优先保障。在中西部地区，对符合条件的低空经济项目，可按照工业用地最低标准出让土地。

在城市中，为低空经济创新项目，如城市空中交通起降点、无人机配送中转站点等，预留合适的土地或空间资源。在土地性质调整和规划审批上，开辟快速通道，加快项目落地实施。

第二，土地使用性质灵活调整

允许部分地区根据低空经济发展的实际需求，灵活调整土地使用性质。

例如，对于一些闲置的工业园区或废弃的军事机场，经审批后可临时改造成通用航空临时起降点或无人机飞行试验区。

对于低空经济与其他产业融合发展的项目，如低空旅游与乡村旅游联合项目，实行土地混合使用政策，提高土地利用效率，促进产业协同发展。

④ 人才政策差异化

第一，人才培养扶持

在低空经济专业人才匮乏的地区，政府应鼓励当地高校和职业院校开设相关专业。

例如，在甘肃、宁夏等地的高校，设立通用航空飞行技术、航空维修等专业，并给予每个专业每年 100 万～200 万元的资金支持。

同时鼓励发达地区的高校和科研机构与不发达地区开展人才培养合作项目，通过联合办学、远程教育等方式，为不发达地区培养低空经济专业人才。

第二，人才引进激励

对到低空经济发展落后的地区工作的专业人才，推出住房补贴、安家费等优惠政策。

例如，内蒙古、广西等地，对于引进的航空专业博士，给予 50 万～100 万元的安家费以及每月 3000～5000 元的住房补贴。

为吸引高端人才到经济发达地区从事低空经济前沿技术研发和创新工作，可提供科研启动资金、人才公寓等配套支持。

例如，深圳、杭州等地为高层次人才提供 100 万～500 万元的科研启动资金，以及精装修的人才公寓。

（2）加强统筹规划与顶层设计

国家层面可制定统一的低空经济发展战略和中长期规划，明确各区域的定位和发展目标，根据不同区域的资源禀赋、产业基础和发展需求，合理布局低空经济产业，避免重复建设和无序竞争。

例如，在通用航空基础好的东北地区，重点开展通用航空制造和运营服务；在经济发达、科技实力强的长三角和珠三角地区，侧重发展无人机研发制造、城市空中交通等高端产业；在中西部地区，结合当地特色发展低空旅游、农林植保等特色产业。

（3）加强基础设施建设

① 规划通用机场布局

政府应组织专业团队，根据不同区域的地理环境、经济发展水平、低空经济发展潜力等因素，制定通用机场布局规划。通用机场数量较少的地区，如青海、西藏等地，应加大建设力度，提升当地低空飞行的基础保障能力。

② 优化空域资源配置

进一步推进空域管理改革，合理划分低空飞行空域，提高空域使用效率。在经济不发达但空域资源丰富的地区，适当增加低空空域范围，例如，在中西部一些地区划定专门的低空飞行试验区，为低空经济发展提供更多空间。同时，建立统一的低空飞行管理平台，实现空域资源的动态调配和共享。

（4）加大产业政策扶持

① 出台针对性的优惠政策

对于低空经济发展滞后的地区，政府可制定税收优惠、财政补贴等政策。例如，对在当地投资低空飞行器制造、运营服务等项目的企业，给予一定期限的税收减免；对购置生产设备、开展研发创新的企业等给予一定的财政补贴，以降低企业运营成本，吸引更多企业参与。

② 引导产业协同发展

鼓励发达地区的低空经济企业向不发达地区转移部分产业，例如，将一些劳动密集型的零部件生产、组装工作转移到人力成本较低的地区。同时，推动区域之间产业协同合作，建立产业联盟或合作机制，实现技术、人才、资金等资源的共享与互补，例如，东部地区与西部地区的企业合作开展项目，共同推动低空经济发展。

（5）培育市场需求与完善政策体系

① 拓展应用场景与消费市场

政府可通过购买服务等方式，在落后的地区积极拓展低空经济应用场景，如开展低空测绘、环境监测、农林作业等公共服务项目，带动当地低空经济市场发展。同时，加强宣传推广，提高居民对低空经济的认知度和接受度，培育低空旅游、私人飞行等消费市场，例如，在中西部地区推出特色低空旅游服务、举办飞行体验活动等。

② 完善法规标准与监管体系

制定统一的低空经济法规标准和监管制度，规范低空飞行活动和市场秩序，确保飞行安全。加强对各地低空经济市场的监管，严厉打击违法违规行为，营造公平有序的市场环境。同时，建立健全低空经济统计监测体系，及时掌握各地低空经济发展动态，为政策制定提供数据支持。

章后小结

本章聚焦低空经济持续发展的核心要素，从安全、效率、平衡三大方面进行了深入探讨。

安全：低空经济发展的基石。低空经济发展面临着飞行安全、数据安全、设施安全等多方面隐患，对行业可持续发展构成了重大挑战。为构建完善的安全管理体系，需加强法规与标准建设，明确行业规范；优化空域管理机制，合理规划空域资源；积极采用先进的技术手段，提升安全保障能力；推进基础设施建设，提供坚实的物质基础；加强人员培训与管理，提高从业人员的安全意识和专业技能；提高公众的认知度，营造良好的社会氛围；开展国际合作与交流，借鉴国际经验，共同应对低空飞行的安全问题。

效率：低空经济发展的关键。低空经济的效率体现在多个方面，如运营效率、资源利用效率等。技术水平、管理模式、资源配置等因素对低空经济发展效率有着重要影响。需不断推进技术创新、优化管理模式、合理配置资源、提高资源利用效率，实现低空经济的高效发展。

平衡：低空经济发展的保障。在低空经济发展过程中，应注重产业发展与环境保护的平衡，实现经济发展与生态保护的协同共进；促进不同应用领域之间的平衡，避免出现各领域发展失衡的情况；关注区域之间的平衡，缩小地区间的发展差距，推动低空经济在不同区域均衡发展。

通过对安全、效率、平衡进行全面分析，明确了低空经济持续发展的要点和方向，为推动低空经济健康、可持续发展提供了理论支持和实践指导。

第 3 部分

**探索篇：
低空经济的投资与
未来展望**

第6章
资本逐鹿：低空经济的投资与融资策略

 学习目标

1. 知识理解目标

（1）深入理解低空经济产业链的构成及价值，熟悉产业链上中下游的核心要素（包括技术研发、关键零部件制造等环节）在产业发展中的作用。

（2）全面掌握低空经济投资的热点领域以及无人机物流、空中出行等新兴市场的发展潜力，透彻分析各热点领域面临的政策、技术、市场等风险。

（3）熟练掌握低空经济融资模式的创新实践以及股权融资、债券融资、政府产业基金等多种融资方式的特点，准确了解当前低空经济的融资现状及存在的问题。

2. 能力培养目标

（1）提升对低空经济投资机遇与风险的综合评估能力，能够运用专业知识和分析方法，独立完成对低空经济投资项目的可行性分析与风险预判。

（2）增强对低空经济融资模式的创新能力，能够结合企业的实际情况，探索适配的融资路径，为企业解决融资难题提供有效思路。

（3）提升知识整合与逻辑分析能力，能够将低空经济投资与融资相关知识进行系统梳理，形成完整的知识体系，明确各知识点之间的逻辑关系。

3. 实践应用目标

（1）在学习过程中，通过实际案例分析，积累低空经济投资与融资相关知识，能够将理论应用于实际项目。

（2）尝试为低空经济企业设计投资或融资方案，为未来参与低空经济领域的投资与融资实践工作奠定基础。

6.1 投资热点：机遇与风险的综合评估

当科技浪潮席卷全球，低空经济如同浮出海面的璀璨大陆，成为世界经济版图中的"新蓝海"。

6.1.1 低空经济产业链及价值

低空经济作为战略性新兴产业，产业链长、带动性强，在医疗、气象、农业等领域都有广泛应用。低空经济的产业链主要由低空制造、低空飞行、低空保障和综合服务等构成。

6.1.1.1 低空经济产业链的上游

低空经济产业链的上游主要包括原材料生产、核心零部件制造、动力系统研发、航电系统开发以及飞行器设计等产业，为低空经济发展奠定了坚实的基础。

（1）原材料生产

① 金属材料：铝合金、钛合金、航空钢等金属材料凭借强度高、重量轻、耐腐蚀等特性，成为制造航空器机体结构、起落架等关键部件的首选。以钛合金为例，其在航空发动机、机身框架等部位的应用，有效提升了飞行器的结构强度与使用寿命，降低了维护成本。随着低空飞行器市场规模的扩大，其对高性能金属材料的需求持续增长，相关企业不仅能通过稳定的产品供应获得可观利润，还可凭借技术优势参与行业标准制定。

例如，宝钛股份作为钛材行业龙头企业，得益于航空航天领域对钛合金材料需求的增长，在高端钛材市场获得较大份额，实现了业绩的稳步提升。

② 复合材料：碳纤维、玻璃纤维等复合材料在低空飞行器制造中广泛应用，能够显著减轻飞行器重量，进而提升续航能力与燃油效率，降低运营成本。在无人机领域，复合材料的使用使机身重量减轻了 30%～50%，极大增强了产品竞争力。复合材料的研发与创新不仅能满足市场对高性能飞行器的需求，还可以助力企业开拓新的应用市场，获取更高的附加值。

例如，中复神鹰凭借碳纤维核心技术，打破国外垄断，在航空航天等高端领域实现了批量供货，创造了巨大的经济价值。

（2）核心零部件制造

机身、机翼、起落架等结构件以及传感器、摄像头等零部件的质量与性能，直接决定了低空飞行器的整体性能与安全性。稳定且高质量的零部件供应，可保障飞行器的生产效率与交付，减少因零部件问题导致的生产延误与售后成本。对于零部件制造企业来说，凭借技术优势与规模效应，能够与飞行器制造商建立长期合作关系，形成稳定的收入来源。

例如，广联航空致力于航空航天零部件制造，为多家飞行器制造企业提供定制化产品，在细分市场建立了竞争优势，实现了企业的快速发展。

（3）动力系统研发

① 电机系统：高功率密度、高效率和高可靠性的电机系统是低空飞行器动力系统的核心。先进的电机系统能够提供强劲动力，确保飞行器在复杂环境下稳定运行，同时还能降低能耗，提升飞行器的经济性。电机系统研发企业通过技术创新，不断优化产品性能，满足市场对高效动力系统的需求，从而获得技术溢价与市场份额。

例如，航发动力作为航空发动机领域的领军企业，其研发的高性能电机系统在航空航天领域具有广泛应用，为企业带来了丰厚的利润回报。

② 电池系统：作为无人机、电动垂直起降飞行器等低空航空器的关键动力源，电池系统的性能直接影响飞行器的续航能力与飞行性能。随着各行业对飞行器续航要求的不断提高，高性能电池的研发成为市场的焦点。企业积极研发能量密度更高、充电速度更快、安全性能更好的电池产品，不仅能满足市场需求，还可推动整个低空飞行产业的发展。

例如，宁德时代凭借在动力电池领域的技术优势，积极布局低空飞行市场，为企业开辟了新的经济增长空间。

③ 电控系统：电控系统实现了对电机的精确控制，可保障飞行器动力输出的稳定性与精准性。先进的电控系统能够根据飞行状态实时调整电机参数，提高

飞行器的操控性能与安全性。企业通过不断优化控制算法与硬件设计，提升电控系统的性能，可在市场中获得竞争优势，创造更大的经济价值。

（4）航电系统开发

飞行控制、导航、通信等航电系统是实现低空飞行器智能化管理的关键。高精度的航电系统能够提升飞行器的自主飞行能力、导航精度与通信稳定性，降低飞行风险，提高飞行效率。对于航电系统开发企业来说，技术创新是核心竞争力，通过开发更先进的航电系统，满足市场对智能化、自动化飞行的需求，不仅能获得产品销售利润，还可拓展相关增值服务，如飞行数据处理、系统维护等。

例如，中航机载等企业在航电系统领域不断加大研发投入，生产的产品广泛应用于各类飞行器，创造了显著的经济与社会效益。

（5）飞行器设计

飞行器设计是上游产业的核心环节，企业通过硬件研发、材料创新与系统集成，能够显著提升飞行器的性能，降低飞行器的制造成本，提高生产效率，满足不同应用场景的多样化需求。此外，企业凭借专业的设计能力与创新理念，还可为客户提供定制化的解决方案，并收取一定的设计费用与技术服务费用，实现价值的最大化。

6.1.1.2　低空经济产业链的中游

（1）低空飞行产业

低空飞行是产业链的中游环节，包含通用、警用、海事等各类低空飞行活动，由生产作业、公共服务、航空消费等产业构成。

在物流领域，京东等企业积极探索无人机配送，在一些偏远地区或交通不便的区域，利用无人机快速将货物送达，缩短了配送时间。在旅游领域，海南三亚等地推出直升机观光旅游项目，让游客从空中俯瞰美丽海景，为旅游业增添了新亮点。据不完全统计，仅 2023 年，国内航空旅游的人数就达到数百万，相关收入超数亿元。在应急救援场景中，直升机能够快速抵达事故现场，为抢救伤员争取了宝贵的时间。

例如，金汇通航在多地开展直升机医疗救援服务，成功救助多名危重伤病员，创造了巨大的社会价值和商业价值。

（2）低空保障产业

低空保障产业包括低空空域管控系统、通用机场、飞行营地、直升机起降点、飞行服务站、无人机飞行信息系统、无人机反制系统等基础设施，以及通信、导航、气象、油料、维修等相关服务。

数据显示，截至 2024 年，全国已有 45 个城市制定了低空经济政策规划，各地积极建设通用机场等基础设施。

例如，整个大湾区有近 200 个低空起降点，可以连接湾区 9+2 城市群的每一个城市，包括我国香港和澳门，实现了空中点对点触达。

完善的保障体系是低空经济发展的基石。通用机场的建设带动了周边地区的土地开发和产业集聚，如机场周边的航空物流园、航空维修基地等。飞行服务站可为飞行器提供气象信息、导航服务，确保飞行安全，提高飞行效率。

6.1.1.3　低空经济产业链的下游

产业链的下游是支持和辅助低空经济发展的各类地面服务性产业，包括航空会展、教育、科普、租赁、保险、中介代理等服务。

例如，在航空教育方面，越来越多的高校开设了与低空经济相关的课程，培养了大量的专业人才。在航空会展方面，珠海航展不仅展示了最新的航空产品和技术，还促进了企业间的交流与合作，拉动了当地旅游、餐饮等相关产业发展。据统计，珠海航展期间，相关产业收入达数十亿元。

综合服务产业创造的价值贯穿于整个低空经济产业链。租赁与保险为企业使用航空器提供了金融支持和安全保障；航空传媒通过宣传推广，提升了低空经济的社会认知度，吸引了更多人关注；中介代理帮助企业开展业务对接、项目合作等，促进了资源的合理配置，推动了低空经济市场的繁荣。

6.1.2　低空经济投资热点与风险评估

6.1.2.1　低空经济的投资热点

通过深入分析低空经济产业链的各个环节，投资者可以挖掘那些具有高成长性、高回报潜力的投资点，共享低空经济发展的红利。低空经济的投资热点主要集中在以下几个方面。

（1）低空飞行器制造

① 无人机：是目前低空经济中比较成熟的领域。2024 年 1 至 6 月，在低空飞行器领域发生的投融资事件中，70% 以上指向无人机企业，包括农业植保无人机、物流配送无人机、测绘无人机等，市场需求多种多样。

例如，大疆公司作为全球知名的无人机制造商，其产品在航拍、测绘等领域占有较大市场份额，吸引了大量投资。

② 电动垂直起降飞行器（eVTOL）：具有广阔的发展前景，被视为未来城市空中交通的重要工具。2023 年中国 eVTOL 产业规模达到 9.8 亿元，同比增长 77.3%，预计到 2026 年将达到 95 亿元。

例如，亿航智能 EH216-S 获得了民航局颁发的生产许可证，峰飞航空 V2000CG 获得了民航局颁发的型号合格证，成功提升了 eVTOL 领域的投资热度。

（2）关键零部件和材料生产

① 碳纤维：是低空飞行器上用到的轻量化材料，约占无人机结构总质量的 60%～80%。

例如，根据预测，2030 年我国 eVTOL 保有量有望突破 10 万架。这将带动碳纤维需求量增加约 2.04 万吨，相关企业如中复神鹰、吉林化纤等值得关注。

② 芳纶纸：在民用航空器、直升机、大型固定翼无人机上有广泛应用。

例如，假设单台 eVTOL 的芳纶纸用量为 40～60 千克，2030 年 eVTOL 的保有量为 10 万架，那么芳纶纸的需求量将增加 4000～6000 吨，民士达、泰和新材等企业具有投资潜力。

③ PEEK 材料：具有轻质、高强度等特性，目前用于制造无人机桨叶。相关生产企业有一定的投资价值。

④ 胶黏剂：用于无人机散热、粘接等环节。硅宝科技、回天新材等胶黏剂生产企业有望得到投资者的青睐。

（3）低空基础设施建设

① 通用机场和起降点：随着低空飞行活动的增加，通用机场、直升机起降

点及无人机起降场等基础设施的建设需求不断增长。

例如，广东番禺区布局 25 个低空起降点，并纳入了东部航空在大湾区的起降点网络。

投资建设通用机场及相关起降点，不仅可以为低空飞行活动提供保障，还能带动周边产业的发展。

② 飞行服务站：为空域安全和低空飞行提供气象、导航、飞行信息等服务，是低空经济发展的重要支撑。投资建设飞行服务站，可以收取服务费用，同时也有助于提高低空飞行的安全性和效率。

（4）低空运营服务

① 物流配送：无人机物流配送在偏远地区和城市中心具有巨大的发展潜力，可以提高配送效率，降低成本。

例如，京东等企业在无人机配送领域已经取得了一定的经营成果。未来随着技术的成熟和政策的支持，该领域有望吸引更多的投资。

② 空中观光旅游：直升机观光旅游、eVTOL 城市空中观光等项目逐渐兴起，为游客提供了独特的体验。

比如，海南三亚的直升机观光旅游项目，旺季单日接待超千人，市场需求较大。

③ 应急救援：低空飞行器在应急救援中能够快速响应，开展人员搜救、物资运输等工作。

例如，金汇通航等企业在直升机医疗救援方面已经积累了丰富的经验。随着公众对应急救援重视程度的提高，该领域的投资前景将更加广阔。

（5）综合服务

① 航空会展：可以向公众展示最新的航空产品和技术，还能促进企业间的交流合作，拉动当地相关产业的发展。例如，珠海航展就获得了可观的收入。

② 航空教育：可为低空经济培养专业人才，包括飞行员、维修人员、技术研发人员等。目前，越来越多的教育或培训机构开始投资该领域。

6.1.2.2　低空经济投资风险的评估

随着"低空经济"被写入政府工作报告，全国 45 个城市加速布局相关产业，这片万亿级市场将吸引大量资本涌入。然而，投资者也应认识到，低空经济在政策、技术、市场等层面仍存在诸多不确定性，需要谨慎投资。

表 6-1 是对低空经济投资风险的综合评估。

表 6-1　低空经济投资风险的综合评估

评估维度	风险点	风险说明
政策风险	法规不完善	低空经济相关的法规体系尚在完善中，缺乏统一的技术规范和标准，低空空域分类划设标准、各类空域准入条件与使用规则等有待明确。这可能导致投资项目在审批过程中存在诸多不确定性，从而使投资回报周期延长
	多头管理	国家层面由民航局统一管理，而各省市的责任部门不同，存在多头管理现象。这会造成省际协同发展难度大，"一站式"飞行审批机制难以完善，飞行计划申报渠道单一，审批流程复杂且时间长。投资者可能需要花费更多的时间和精力来协调各方关系，增加了投资的隐性成本
技术风险	核心技术依赖国外	我国在航空发动机、航电系统、主控芯片、智能仪器仪表和传感器等方面对外依赖度较高。这不仅制约了产业的自主创新能力和发展速度，还可能因国外技术封锁而导致投资项目中断
	技术整合难度大	低空经济涉及多种技术，不同技术之间的兼容性、协同性问题突出，技术整合难度大。例如，多种构型的低空飞行器零部件无法互换，需要建立不同的生产线，从而增加了生产成本和管理难度
市场风险	应用场景有限	低空经济目前主要应用于农业植保、旅游观光、短距离配送等场景，仍处于早期探索阶段，尚未形成成熟的商业模式和稳定的盈利模式。而且市场规模相对较小，消费潜力尚未充分激发，距全社会规模化推广与普及还有较长距离。这意味着投资者可能面临市场需求不足、产品滞销等风险，从而影响投资收益
	竞争激烈	随着低空经济的发展，有众多企业和投资者进入，市场竞争日益激烈。如果企业没有核心竞争力，如独特的技术、品牌优势或成本控制能力，可能在市场竞争中处于劣势，导致市场份额下降、利润减少

续表

评估维度	风险点	风险说明
基础设施风险	硬件设施不足	通航机场数量较少，地区分布不均衡，全国通航使用的低空空域不足30%，且分布不均，未能成网连片，难以满足多元化的服务需求。这会限制低空飞行器的飞行范围和运营效率，增加运营成本，降低投资项目的盈利能力
	软件设施落后	现有的感知探测和低空通信等基础设施，效果差、速度慢、规模小、管理低效。这会降低低空飞行的安全性和管理效率，增加飞行风险，对投资项目的长期发展产生不利影响
安全风险	影响飞行的因素多	低空飞行受天气、地形、障碍物等因素影响较大，同时航空器自身的可靠性和安全性也面临考验。一旦发生飞行安全事故，不仅会造成人员伤亡和财产损失，还可能引发社会舆论，对整个低空经济产业产生负面影响
	安全监管难度大	由于低空飞行器数量众多、飞行活动频繁，且飞行高度低、速度快，给安全监管带来了较大难度。如果安全监管不到位，可能导致违规飞行、安全事故等问题，从而增加投资项目的法律风险和运营风险
资金风险	投资大、周期长	低空经济产业投资大、周期长、回报慢，通常需要大量资金投入，用于技术研发、设备购置、基础设施建设、人员培训等方面。对于一些中小企业或初创企业来说，可能存在资金链断裂的风险，导致项目中途夭折，造成投资损失
	融资渠道有限	作为新兴产业，低空经济的融资可能会面临一定困难。传统金融机构对该产业的风险评估较为谨慎，导致融资门槛较高；而一些机构也可能因产业发展的不确定性对投资项目持观望态度。这可能导致投资者难以获得足够的资金支持，影响项目的顺利推进

6.2 融资模式：创新实践与路径探索

6.2.1 融资方式与渠道创新

6.2.1.1 债券融资

（1）方式

发行低空经济主题债券，包括一般公司债、专项债等。

例如，广州金控基金发行的规模 2 亿元、期限 3+2 年、票面利率 1.95% 的科创公司债（低空经济）。

此外，多地政府也在积极筹划发行此类债券，募集的资金可用于低空经济相关项目的建设、运营、收购等。

（2）特点

融资规模较大，可根据项目需求确定发行额度；期限相对灵活，如 3+2 年等，能与项目周期相匹配；利率通常较为稳定，在一定程度上降低了融资成本；有政府信用或企业信用作为支撑，投资者认可度相对较高。

6.2.1.2　产业基金

（1）方式

各地设立低空经济产业基金，通过政府引导，吸引社会资本参与。

据不完全统计，全国超过 20 个省、市已设立或明确要设立低空经济产业基金，规模从几亿元到几百亿元不等。

例如，广东提出通过政府投资基金等方式支持低空产业发展；北京丰台筹划设立低空经济产业发展基金；贵阳国家高新区构建"3+2+1"的低空经济产业基金体系，基金总规模 45 亿元。

（2）特点

具有较强的政策导向性，重点支持符合低空经济发展战略的项目和企业；资金来源多元化，集合了政府资金、社会资本等，能为产业发展提供较为充足的资金支持；通常会对特定领域或阶段的项目进行投资，有利于推动产业的专业化和集聚化发展。

6.2.1.3　金融机构贷款

（1）方式

金融机构针对低空经济企业的特点提供定制化服务。

例如，农行石河子兵团分行向新疆某航空公司投放 5386 万元固定资产贷款，专项用于直升机采购，为通航企业量身定制融资方案，开辟绿色审批通道，并采用信用担保模式，执行优惠利率。

（2）特点

融资成本相对较低，尤其是对于信用良好的企业来说；贷款期限可根据项目情况灵活安排；提供专业的金融服务，帮助企业合理规划资金用途。不过，银行通常对企业信用情况、资产规模和还款能力有较高要求，审批流程相对严格。

6.2.1.4　数据资产融资

（1）方式

将低空经济相关的数据资产进行评估和挂牌交易。

例如，浙江潮鹰科技有限公司在上海数据交易所成功挂牌海宁市城市综合数据资产，价值突破 2 亿元，重点用于海宁全市低空经济产业配套基础设施的建设。

（2）特点

这是一种创新型融资方式，可充分挖掘低空经济领域的数据价值；融资规模取决于数据资产的评估价值，对于拥有高质量数据资产的企业来说，能获得较大额度的融资；有助于推动低空经济与数字经济的融合发展。但目前数据资产的评估和交易体系还不够完善，存在一定的不确定性。

6.2.1.5　股权融资

（1）方式

企业通过出让部分股权，吸引风险投资机构、战略投资者等投入资金。在低空经济领域，eVTOL 等细分赛道较受资本青睐，2024 年前三季度，eVTOL 融资事件共 20 起，占融资总额的 79%。

（2）特点

不需要企业偿还本金，减轻了企业的偿债压力；投资者不仅带来资金，还可能带来技术、市场渠道、管理经验等资源，有助于企业发展。但企业股权会因此被稀释，创始人的控制权可能受到影响，而且投资者通常对企业的发展前景和盈利能力有较高要求，会对企业的经营决策产生一定影响。

6.2.2　低空经济产业的融资现状

6.2.2.1　融资规模扩大

2024 年前三季度，低空经济赛道融资案例有 56 起，较上一年同期增加 9 起；

融资金额合计 39 亿元。2025 年延续了这种增长态势，第一季度多家企业宣布完成千万级到亿元级融资，涉及无人机反制技术、电动垂直起降飞行器、氢能电控系统、大型无人运输机等领域。

6.2.2.2　政策支持力度大

（1）债券融资方面

国务院办公厅发布相关意见，将低空经济列入地方政府专项债"正面清单"，为低空经济项目提供了新的融资渠道。

例如，2025 年山东省政府发行专项债券（十一期），投资威海一家低空经济产业园区一期及基础设施配套项目。

（2）产业基金方面

全国已有超过 20 个省、市设立了低空经济产业基金，规模从几亿元到几百亿元不等。

例如，苏州新签约低空经济产业基金 16 只，总规模超 200 亿元，是目前国内低空领域最大的产业基金。

6.2.2.3　资本关注度高

（1）亿元级融资案例增多

2024 年，亿元及以上融资案例达 19 起，有的企业年内完成了五轮亿元级融资。例如，沃兰特航空在 2024 年完成了六轮融资，累计融资金额超过 1.5 亿美元。

（2）eVTOL 赛道受青睐

eVTOL 作为低空经济产业的核心，最受关注。2024 年前三季度融资案例共 20 起，eVTOL 占比 36.8%；融资金额 30.8 亿元，eVTOL 占比 79%。

（3）融资渠道多元化

除了传统的银行贷款、股权融资外，债券融资、产业基金、数据资产融资等方式也在不断发展，例如，广州金控基金发行了全国首单科创公司债（低空经济）。

（4）地方政府积极推动

各地政府通过出台行动方案、设立产业基金、提供政策支持等方式，积极推动低空经济发展，吸引了大量资本进入。例如，广东提出到 2026 年低空经济规模超过 3000 亿元，基本实现低空产业链自主可控；上海提出到 2027 年联合长三角地区建设全国首批低空省际通航城市，实现"100+"低空飞行服务应用场景。

6.2.3　低空经济产业融资面临的挑战

低空经济产业融资面临着诸多挑战，主要体现在政策、市场、技术、企业自身等方面，具体如表 6-2 所示。

表 6-2　低空经济产业融资面临的挑战

方面	具体挑战	说明
政策法规不完善	监管政策不明确	低空经济是新兴产业,相关的监管政策尚在不断完善中。例如,在无人机物流配送、城市空中交通等领域,飞行规则、安全标准等不够明确,使投资者和金融机构对相关项目进行风险评估存在困难,从而影响企业融资
	政策调整或改变	政策的调整和改变可能对低空经济企业的经营产生重大影响。例如,政府改变对低空飞行区域的限制、对特定类型飞行器的管控,可能会导致企业经营停滞或收益受损,增加融资的不确定性和风险
市场环境不成熟	市场规模有限	尽管低空经济发展迅速,但目前整体市场规模仍相对较小,一些细分领域的市场需求尚未充分挖掘和培育。有限的市场规模意味着项目的预期收益不高,难以吸引大规模的资本投入
	市场竞争激烈	随着低空经济的发展,越来越多的企业进入该领域,市场竞争日益激烈。在无人机制造、低空旅游等领域,众多企业争夺有限的市场份额,导致产品价格下降、利润空间压缩,企业的盈利能力和偿债能力受到影响,增加了融资难度
技术风险较高	技术研发难度大	低空经济涉及航空航天、电子信息、新材料等高新技术领域,技术研发难度大、成本高。例如,电动垂直起降飞行器（eVTOL）的电池技术、飞行控制系统等仍有待突破,技术研发的不确定性使投资者对相关项目持谨慎态度
	技术更新换代快	低空经济领域的技术创新快,产品和服务的更新周期短。如果企业不能及时跟上技术发展的步伐,其产品和服务可能很快被市场淘汰,导致前期投资无法收回,这也增加了融资的风险和难度

续表

方面	具体挑战	说明
企业自身问题	企业规模小	低空经济领域的企业大多处于初创或成长阶段，规模较小，资产有限，缺乏足够的抵押物和信用记录，融资时面临较大困难
企业自身问题	财务管理不规范	部分低空经济企业的财务管理不够规范，财务制度不健全，财务数据的真实性和准确性难以保证。这不仅使企业与金融机构、投资者的信息不对称，也影响了企业的融资形象和信誉，导致融资成本上升

6.2.4　低空经济产业融资的应对措施

为应对低空经济产业融资面临的挑战，需要政府、金融机构和企业协同合作，从完善政策法规、培育市场环境、提升技术水平、强化企业管理等方面着手。

6.2.4.1　政府层面

政府层面的应对措施如图 6-1 所示。

	完善专项债政策	出台税收优惠政策
加大政策扶持力度	进一步明确地方政府专项债对低空经济相关项目的支持范围和标准，简化申报流程，提高专项债资金对低空经济项目的投放比例	对投资低空经济产业的企业和金融机构，给予所得税、增值税等方面的优惠，以降低投资者的成本，提高其投资的积极性
	设立专项引导基金	提供财政补贴
设立引导基金与补贴	政府增加对低空经济产业引导基金的投入，通过阶段参股、跟进投资等方式，吸引社会资本向低空经济项目倾斜	对低空经济领域企业开展技术创新、项目建设、人才培养等活动给予一定的财政补贴

图 6-1　政府层面的应对措施

6.2.4.2 金融机构层面

金融机构层面的应对措施如图 6-2 所示。

创新金融服务模式	设立专业金融服务团队	开展投贷联动业务
	金融机构应组建专门的低空经济金融服务团队，深入了解低空经济产业的特点和企业需求，制定有针对性的金融服务方案，提高服务的专业性和效率	对于发展潜力较大但风险也相对较大的低空经济企业，金融机构可以采取投贷联动的方式，将信用贷款与股权投资相结合，在为企业提供贷款支持的同时，通过投资机构或自身的投资子公司对企业进行股权投资，分享企业发展带来的收益，降低单纯贷款的风险

开发金融产品	开发供应链金融产品	推出知识产权质押贷款
	针对低空经济产业链的特点，开展供应链金融业务，以核心企业为依托，为上下游中小企业提供融资服务。例如，以大型无人机制造企业为核心，为其零部件供应商提供应收账款质押融资服务	开展知识产权质押融资业务，以低空经济企业的知识产权作为质押物为其提供贷款，解决企业的融资难题

加强合作与交流	银企合作	与投资机构合作
	加强与低空经济企业的合作，建立长期稳定的合作关系。银行可以提前介入企业项目规划和建设，为企业提供一站式金融服务，包括项目融资、资金结算、财务管理等	与风险投资机构、私募股权基金等加强合作，共同对低空经济项目进行投资与融资。例如，银行可以为投资机构提供资金托管等服务，同时与投资机构联合对优质项目进行投资，发挥各自的专业优势和资金优势

图 6-2　金融机构层面的应对措施

6.2.4.3 企业层面

企业层面的应对措施如图 6-3 所示。

提升自身融资能力	规范财务管理	提升企业信用	加强技术创新
	建立健全财务管理制度，加强财务核算和内部控制，提高财务数据的真实性和准确性，以满足金融机构和投资者的要求，降低融资成本。定期进行财务审计，向投资者和金融机构提供透明、准确的财务信息，增强其对企业的信任	注重自身的信用建设，遵守合同约定，按时偿还债务，积极解决可能影响信用的问题。通过良好的信用记录，提高自身在金融市场的融资能力	加大研发投入，提高技术创新能力，开发具有市场竞争力的产品和服务，提高企业的盈利能力和抗风险能力，从而得到更多投资者和金融机构的关注和支持

拓展多元化融资渠道	股权融资多元化	开展资产证券化
	通过股权融资、债券融资、融资租赁等方式，吸引社会资本进入低空经济项目，实现资金的有效筹集	将企业拥有的优质资产，如低空飞行服务站的收费权、无人机租赁业务的应收账款等，转化为可以在金融市场上交易的证券，实现融资目的

图6-3　企业层面的应对措施

章后小结

本章围绕低空经济的投资与融资策略展开讨论，深入剖析低空经济产业在资本运作层面的机遇与挑战。

在投资热点方面，着重探讨了低空经济产业链及价值。产业链上游涵盖核心技术研发、关键零部件制造等环节，技术创新与产品质量对整个产业链的发展起到支撑作用。同时，对低空经济投资热点与风险评估进行介绍，低空经济在无人机物流、空中交通等新兴领域潜力巨大，但也面临政策不完善、监管难度大、技术依赖性强以及市场竞争激烈等问题，投资者需全面权衡机遇与风险。

在融资模式部分，聚焦创新实践与路径探索。当前，低空经济产业的融资方式与渠道不断创新，股权融资、债券融资、政府产业基金等多种方式协同发力。然而，从融资现状来看，部分企业仍面临融资渠道单一、融资成本较高等问题。需政府、金融机构、企业协同配合，推动低空经济产业健康快速发展。

第 **7** 章
未来展望：低空经济的无限憧憬

 学习目标

1.知识掌握目标

（1）全面了解低空经济技术发展的前景，掌握人工智能、5G 通信、新能源等技术在低空经济领域的发展方向，明确各技术对低空经济产业升级的推动作用。

（2）深入了解低空经济技术发展所面临的困境，同时掌握相应的破局策略，明白技术创新与政策支持协同发展的重要性。

（3）系统掌握低空经济发展引发的伦理考量，如隐私保护、权责界定等问题；以及社会融合的具体表现，包括对城市规划、就业结构等方面的影响。

2.能力培养目标

（1）提高对低空经济技术的预测与分析能力，能够结合行业动态和技术演进规律，判断低空技术的发展方向，为相关决策提供依据。

（2）提升伦理思辨与问题分析能力，对低空经济发展中面临的伦理困境，能够从多视角进行深入思考，并提出合理的解决方案，促进社会和谐发展。

（3）增强知识整合与逻辑分析能力，能够将低空经济技术发展趋势、伦理考量和社会融合等知识进行系统化梳理，清晰、准确地阐述各知识点之间的内在联系。

3.实践应用目标

（1）能够运用所学知识，对低空经济技术发展的实际案例进行分析，评估技术应用的可行性和潜在社会影响，并提出合理化建议。

（2）参与低空经济相关项目时，将伦理考量与社会融合理念融入其中，在推动低空经济技术进步的同时，实现其与社会的良性互动，助力产业可持续发展。

7.1 技术趋势：发展前景的预测与破局

7.1.1 低空经济技术发展的预测

随着政策扶持力度加大、技术持续创新，低空经济这片"新蓝海"正逐渐展露它的潜力。从市场规模的快速扩大，到应用领域的不断拓展，再到技术的不断突破，低空经济技术发展前景可谓一片光明。

7.1.1.1 市场规模迅速扩大

《中国低空经济发展研究报告（2024）》显示，我国低空经济发明专利申请量从 2014 年的 852 件快速增加到 2023 年的 14134 件。这一数据直观地反映出行业的创新活力，也为市场规模的扩大奠定了基础。2023 年，我国低空经济规模突破 5000 亿元，增速高达 33.8%。根据中国民航局数据预测，到 2025 年，我国低空经济的市场规模将达到 1.5 万亿元，到 2035 年更是有望飙升至 3.5 万亿元。增长速度突飞猛进，主要得益于政策体系完善、技术不断创新以及市场需求爆发等因素。越来越多的地方政府设立产业基金，为低空经济企业提供资金"弹药"，助力企业扩大生产、加大研发力度，从而推动产业市场规模进一步扩大。

7.1.1.2 应用领域多点开花

在政策红利持续释放与科技创新不断加速的双重引擎驱动下，低空经济正以超乎想象的速度重塑人类生产生活图景。预计到 2030 年，这一战略性新兴产业将实现从"多点开花"到"全域覆盖"的跨越式发展，成为推动经济高质量发展的新动力。

（1）重塑城市出行格局

① 空中通勤常态化

想象一下这个场景：在一线城市的早高峰，当道路被车辆堵得水泄不通时，商务人士不用再焦急地等待，只需走向高楼顶部的停机坪去搭乘直升机，短短几分钟就能到达目的地。如今，在北京、上海等城市，直升机通勤已初现端倪，未来随着基础设施不断完善、成本逐渐降低，这一便捷的通勤方式将愈发普及。根据相关预测，到 2030 年，在部分特大城市，直升机通勤有望成为日常出行的重要补充，极大地提高出行效率，缓解地面交通压力。

② 空中出租车普及化

融合新能源与自动驾驶技术的空中出租车，将成为未来城市出行的新宠。乘客只需在手机 APP 上轻轻一点，一辆小巧灵活的电动飞行器便会抵达附近的起降点，它凭借先进的导航与避障技术，在低空中灵活穿梭，快速将乘客送达目的地。在深圳等地，已经开始试点空中出租车项目，随着技术的不断成熟，预计在 5～10 年内，空中出租车将在更多城市投入运营。

（2）为应急救援按下加速键

① 医疗救援争分夺秒

在医疗急救领域，时间就是生命。发生严重车祸或人员突发疾病，而地面交通拥堵或道路损毁车辆又无法通行时，直升机将成为救援的关键力量。直升机上配有专业的医疗设备和经验丰富的医护人员，能够在飞行途中对患者进行紧急救治。目前，我国一些大城市已经建立了直升机医疗救援网络，未来将向中小城市和偏远地区延伸。预计到 2030 年，在我国大部分地区构建 1 小时医疗救援圈，直升机救援将大幅提高危重病人的救治成功率。

② 灾害救援精准高效

一旦发生地震、洪水、山火等自然灾害，地面交通往往会陷入瘫痪，受灾群众急需的食品、药品、帐篷等救援物资难以送达。此时，低空飞行器将大显身手。无人机可以凭借灵活的机动性和精准的定位能力，将物资精准投送到受灾严重的区域。同时，搭载高清摄像头和热成像仪的无人机，能够深入灾区，实时传回受灾情况，为救援决策提供重要依据。在近年来的多次灾害救援中，低空飞行器发挥了重要作用，未来其将成为灾害救援不可或缺的力量。

（3）开启旅游新体验

① 城市空中观光风靡

乘坐直升机或小型飞机，从空中俯瞰城市的壮丽景色，将成为一种热门的旅游方式。在巴黎，游客可以在空中欣赏埃菲尔铁塔的独特风姿；在纽约，游客能够领略曼哈顿的繁华都市风貌。未来，我国的北京、上海、广州等城市也将推出更多的城市空中观光项目。游客可以在空中俯瞰故宫的宏伟建筑群、上海外滩的璀璨夜景、广州各大桥梁的交互，以全新的视角感受每个城市的魅力。预计到2025年，城市空中观光将成为各大旅游城市的标配。

② 自然景区低空游览成潮流

在张家界、黄山等风光秀丽的景区，低空游览将为游客带来前所未有的视觉冲击。游客可以乘坐直升机或热气球，穿梭于奇峰异石、云海森林之间，近距离欣赏大自然的鬼斧神工。一些景区还将推出特色主题飞行体验，如在海滨城市打造"空中看海豚"之旅，在沙漠地区开展"落日飞行"等。这些个性化的旅游项目将极大地丰富旅游市场，满足游客多样化的需求。根据预测，未来5年内，我国超过50%的4A级以上景区将推出低空游览项目。

（4）创新物流配送模式

① 生鲜快速送达

对于高端生鲜产品，如波士顿龙虾、挪威三文鱼等，配送时效至关重要。无人机或直升机能够从产地直接起飞，快速将生鲜产品运到城市配送中心，然后再通过末端配送网络，以最快速度送达消费者手中。这将大大缩短生鲜产品的运输时间，确保产品的新鲜度和品质。目前，一些电商已经开始尝试利用低空飞行器进行生鲜配送，未来这一模式将得到更广泛的应用。

② 无人机快递覆盖偏远地区

在地形复杂、交通不便的偏远山区或海岛，物流配送一直是个难题。而小型无人机可以按照预设航线，将生活用品、药品等小件包裹精准投递到居民家门口，打通农村电商的"最后一公里"。这不仅方便偏远地区居民的生活，还将促进农村电商的发展，助力乡村振兴。据统计，目前我国已有部分地区试点无人机配送项目，未来几年内，无人机快递有望覆盖全国80%以上的县域。

（5）助力农林产业升级

① 农业植保智能化

在广袤的农田里，无人机植保正逐渐取代传统的人工植保方式。无人机可以按照预设的路线和剂量，精准地喷洒农药和肥料，作业效率比人工方式提高了数十倍，也减少了农民长时间接触农药产生的健康风险。同时，通过搭载的高清摄像头和传感器，无人机能够实时监测农作物的生长状况，及时发现病虫害和营养不良等问题。预计到 2030 年，我国农业无人机的渗透率将超过 60%，农药使用效率将提升 90%，为农业增产增收提供了有力保障。

② 林业监测精细化

在森林资源保护方面，低空飞行器同样发挥着重要作用。搭载红外线热像仪、多光谱相机等设备的无人机，可以对林区进行 24 小时不间断巡逻。一旦监测到火灾隐患、病虫害等异常情况，能够立即发出预警，并将详细信息传回地面控制中心。这将大大提高林业监测的效率和精准度，为森林资源保护提供有力支持。未来，无人机作业将成为林业监测的主要手段。

这场由低空经济引发的变革，正以势不可挡的姿态，将人类带入一个"天空即服务"的新时代。2030 年的低空领域，不仅是技术创新的试验场，更是提升社会运行效率、增进民生福祉的重要引擎，为经济社会发展注入了强劲动力。

7.1.1.3 技术突破引领变革

在政策东风劲吹与市场需求猛增的双重驱动下，低空经济正站在技术突破的关键节点，即将迎来一场全方位的变革。从飞行器性能提升，到能源技术革新，再到通信与导航设备精准升级，各个领域的技术突破将重塑低空经济的格局。

（1）飞行器性能实现质的飞跃

① 设计优化与材料创新

未来，无人机和电动垂直起降飞行器（eVTOL）的设计将更加精巧，仿生学原理将广泛应用于飞行器设计中。

例如，借鉴鸟类翅膀的空气动力学结构，优化飞行器机翼形状，降低飞行阻力，提高飞行效率。

同时，新型材料不断涌现，如高强度、低密度的碳纤维复合材料以及具备自修复功能的智能材料。这些材料的应用将使飞行器机身更轻盈、坚固，在减轻飞行器重量的同时，大幅提升载荷能力，让飞行器能够携带更多设备或货物，满足更复杂与多样化的任务需求。

② 智能化与自主化升级

随着人工智能和机器学习技术的飞速发展，飞行器的智能化与自主化水平将迈向新高度。飞行器将搭载更先进的传感器，对周围环境进行全方位、实时感知。借助深度学习算法，飞行器不仅能精准识别各类障碍物、目标物体，还能对复杂天气情况做出快速反应。在飞行过程中，飞行器可根据实时收集的信息，自主规划飞行路径，灵活避开危险区域。遇到突发状况，如设备故障或信号中断，飞行器能够迅速响应，真正实现智能化、自主化飞行。

（2）能源技术开启绿色高效新篇章

① 电池技术重大突破

电池技术将成为推动低空经济发展的核心动力。固态电池将从实验室转向大规模应用，其能量密度比传统锂离子电池提升了数倍，显著延长了飞行器的续航里程。同时，快速充电技术也将取得突破，未来飞行器充电时间有望缩短至数分钟，如同汽车加油一般便捷，极大提高了运营效率。此外，新型电池的研发不断取得进展，如锂硫电池、钠离子电池等，这些电池的材料成本低、资源丰富，极大地提高了低空经济发展的可持续性。

② 新型能源广泛应用

混合动力和氢燃料等新型能源将在低空飞行器中得到广泛应用。混合动力系统巧妙融合了燃油发动机与电动驱动系统的优势，在需要高功率输出时，燃油发动机可提供强劲动力；在巡航等低功率需求阶段，电动驱动系统可高效运行，降低能耗和排放。氢燃料电池以清洁、高效的特点，成为未来低空飞行器动力源的理想选择。随着制氢、储氢技术的不断进步，氢燃料电池的成本将逐渐降低，性能将进一步提升，为低空经济的绿色发展提供有力支撑，助力国家实现碳中和目标。

（3）通信与导航技术升级确保安全高效飞行

① 通信技术持续演进

5G通信技术在低空经济中的应用将不断深化，其高速率、低延迟、高可靠性的优势，将为低空飞行器提供稳定、顺畅的通信服务。基于此，飞行器与地面控制中心、其他飞行器之间能够实现实时、高清的数据传输，便于操作人员及时掌握飞行器情况，进行精准控制。未来，6G等新一代通信技术将逐步登场，进一步提升通信设备性能，实现更广的覆盖范围和更高的数据传输速率，以满足低空经济日益增长的通信需求，为复杂场景的低空飞行提供坚实保障。

② 导航定位精度提升

卫星导航系统将持续优化，不断完善全球组网，提高定位的精度和可靠性。

同时，与低空感知网、智能精准低空导航网深度融合，形成多源融合的导航体系。在城市高楼密集区、山区等卫星信号易受遮挡的区域，低空感知网通过地面基站、传感器等设备，为飞行器提供辅助定位信息；智能精准低空导航网则依靠大数据、人工智能等技术，根据飞行器的实时位置、飞行计划以及周围环境信息，规划精确、安全的飞行航线，确保飞行器在任何环境下都能实现精准定位和导航，安全抵达目的地。

7.1.2　低空经济技术发展的困境与对策

在低空经济蓬勃发展的浪潮下，诸多困难与挑战如暗礁一般潜藏其中，阻碍其全速前行。只有清晰洞察这些难题，并制定切实可行的应对策略，才能为低空经济技术发展开辟畅通航道。

7.1.2.1　基础设施建设滞后

基础设施建设的困局与对策如表 7-1 所示。

表 7-1　基础设施建设的困局与对策

	困局	对策
硬件设施短缺	截至 2023 年底，不考虑私人机场，全国在册管理的通用机场数量仅 449 个，是美国公共通航机场数量的 11% 左右。通航机场数量少且分布不均，全国通航使用的低空空域不足 30%，重点区域覆盖率低，难以满足多元化服务需求。以偏远山区为例，因缺乏必要的机场与起降点，低空飞行器难以开展常态化作业，限制了低空经济的发展	加快硬件设施建设：加大通用机场建设力度，在人口密集、经济活跃以及低空服务需求大的地区，合理规划新建一批通用机场。同时，针对不同类型的低空飞行器，建设多样化起降平台，如无人机小型起降平台、eVTOL 起降场等。完善路网、电力等配套基础设施，增强通用机场相关设施的平战转换功能，提升设备利用效率
软件设施薄弱	城市空管信息系统、空域管理辅助系统、飞行服务站系统等分散在不同领域，整合难度大。同时，我国缺乏有效的网络信息基础设施支撑低空感知探测与通信，现有设施效果差、速度慢、规模小、管理低效。例如，在复杂的城市环境中，低空通信信号易受高楼遮挡，导致飞行器与地面控制中心通信不畅，影响飞行安全与任务执行	加强软件升级：运用物联网、云计算、人工智能等技术，构建通信感知一体化的低空智联网，开发低空新航行系统。整合各类分散的空管与服务系统，建立统一的数据平台，实现信息共享与协同管理。利用卫星导航、AI 算法等技术，构建全国城市网格空域数据模型和地理信息系统，提升低空飞行服务系统的响应速度与数据处理能力

7.1.2.2 核心技术薄弱

核心技术的困局与对策如表 7-2 所示。

表 7-2　核心技术的困局与对策

困局		对策
技术成熟度欠佳	我国低空产业在关键技术、核心设备等方面对外依存度高。以国产航空器为例，航空发动机、航电系统等核心技术依赖进口，自主创新能力不足。eVTOL 对锂离子电池性能要求高，新能源车锂电池能量密度为 200W·h/kg，eVTOL 至少需 400W·h/kg，而目前成熟 eVTOL 的电池能量密度为 285W·h/kg，仅能满足小型全电飞行器短程飞行，制约了飞行器的应用范围	加强技术攻关：聚焦整机研发、关键零部件与核心系统开发，如固定翼飞机、无人机、eVTOL 与主控芯片、中小微型发动机等。鼓励产业链上下游企业与高校、科研机构组建创新型研究团队，构建"基础研究＋技术攻关＋成果产业化"的创新生态链，集中力量突破关键技术瓶颈
技术壁垒重重	通用航空领域存在显著的技术短板，整机和发动机依赖进口，核心零部件及关键材料研发能力不足，部分核心系统也依赖进口。无人机制造所需的主控芯片、智能仪器仪表和传感器等核心元器件制造技术尚不能完全自主掌握，严重制约自主创新与发展速度	推动成果转化：支持建设省级以上科技创新和公共服务平台，促进科技成果转化。引导企业与高校、科研院所合作，打造低空经济科技成果的孵化器、加速器。定期发布前沿技术应用推广目录，建设产业成果"线上发布大厅"，促进技术供需精准对接，加快新技术落地应用

7.1.2.3 市场体系构建局限

市场体系构建的困局与对策如表 7-3 所示。

表 7-3　市场体系构建的困局与对策

困局		对策
应用场景有限	我国低空经济主要应用于农业植保、旅游观光等场景，处于早期探索阶段，商业模式和盈利模式尚不成熟。2022年，我国通航飞行器数和通航飞机利用小时量分别为美国的 1.5% 和 4.5% 左右。eVTOL 等航空器造价高、载客量少，应用初期只服务小众群体，距离全社会规模化推广还很遥远	拓展应用场景：政府出台政策鼓励企业在物流配送、城市通勤、应急救援等领域探索低空经济应用新模式，通过示范项目带动产业发展。降低企业运营成本，如给予税收优惠、财政补贴等，提高低空经济产品的性价比，推动其在更多场景规模化应用

续表

困局	对策
消费潜力未释放	各地虽开展了低空旅游项目，但无法满足不同层次的消费需求。我国通用航空集中在工农业和社会公共服务，占市场总额 80% 以上。公务飞行和私人飞行占比低，全国全年持续稳定运行的通用航空线路不足 10%，而美国私人、公务、商务及旅游观光类飞行总时间占比达 65% 左右	激发消费活力：丰富低空旅游产品，开发多样化、个性化的低空旅游线路与项目，满足不同消费层次的需求。加强宣传推广，提升公众对低空经济的认知度与接受度，培育低空消费市场。鼓励金融机构创新金融产品，如推出低空飞行消费信贷等，降低消费门槛，释放消费潜力

7.1.2.4　管理体系不完善

管理体系的困局与对策如表 7-4 所示。

表 7-4　管理体系的困局与对策

困局	对策
协同发展机制缺失	低空空域管理缺少总体规划和分类指导细则，各地发展战略呈碎片化。各地区产业园区布局缺乏整体规划与协调，存在发展不统一、资源利用不高效等现象。省市的责任部门不统一，存在多头管理，省际协同发展难度大	建立协同机制：国家层面制定统一的低空空域管理总体规划和分类指导细则，加强对各地低空经济发展的统筹指导。明确各部门职责，建立跨部门协调机制，加强省市之间的沟通协作，实现资源共享、优势互补，促进全国低空经济协同发展
管理混乱	多头管理导致审批流程复杂，"一站式"飞行审批机制不完善，飞行计划申报渠道单一、审批时间长。低空运营管理体制不完善，缺乏统一的技术规范和标准，低空划设、信息化构建、人机协同管理等有待突破，相关保障服务亟待加强	优化管理体系：完善"一站式"飞行审批机制，简化审批流程，拓宽申报渠道，提高审批效率。制定全国统一的低空经济技术规范和标准，明确低空空域分类划设标准、空域准入条件与使用规则、通航飞行审批程序等内容。加强低空运营管理体制建设，提升服务保障功能，确保低空飞行安全有序

7.2　社会影响：伦理考量与社会融合

低空经济的发展带来了一系列社会影响，其中伦理考量与社会融合问题值得深入探讨。

7.2.1 伦理考量

低空经济正逐渐成为全球经济增长的新引擎。从 2021 年首次被写入国家规划，到 2023 年被中央经济工作会议列为战略性新兴产业，再到 2024 年被写入政府工作报告，低空经济的发展备受瞩目。在我国，北京、上海、杭州等 15 个城市的企业携手共建低空经济生态圈；广东省计划在三年内使低空经济产值突破 3000 亿元。然而，低空经济在蓬勃发展的同时，也带来了诸多值得深入思考的伦理问题。

7.2.1.1 隐私侵犯风险

随着无人机等低空飞行器的广泛应用，在拍摄、监测等方面引发了严重的隐私侵犯问题。无人机具有灵活的飞行能力和高清的摄像设备，能够轻易突破传统物理空间的限制，接近私人住宅、办公场所等区域。例如，在一些高档住宅小区，曾发生无人机未经许可拍摄居民日常生活场景的事件，居民的私人活动、庭院情况等隐私被泄露。在商业领域，竞争对手可能利用无人机偷拍企业的生产车间、研发设施，窃取商业机密。

从伦理理论来看，约翰·斯图亚特·密尔强调，行为的结果应带来最大多数人的最大幸福。但在低空飞行器侵犯隐私的事件中，少数人（操作飞行器获取不当利益者）的行为却严重损害了大多数人的隐私权益，导致社会总体幸福感降低。伊曼努尔·康德认为，人应该被当作目的而非手段。隐私侵犯行为将他人的私生活作为获取信息的手段，违背了伦理原则。

为应对这一问题，各国纷纷出台相关法律。美国联邦航空局（FAA）制定了严格的无人机飞行规定，限制无人机在人口密集区域的飞行高度和距离，禁止在未经许可的情况下对私人区域进行拍摄。我国也在不断完善法律法规，明确无人机飞行的审批流程、禁飞区域等，对侵犯隐私的行为予以处罚，以维护社会的伦理秩序。

7.2.1.2 安全隐患问题

低空经济的快速发展，使大量飞行器在低空领域运行，极大地增加了安全风险。低空飞行的"低、小、慢"等特点，使传统的空中交通管制系统难以对其有效监测和管理。在城市中，无人机与建筑物、高压线等障碍物碰撞的事故时有发生。

例如，一些城市举办大型活动时，由于相关方对无人机管控不力，会出现无人机闯入活动现场的危险情况。

依据社会契约论，社会成员通过让渡部分权利形成社会秩序，以保障自身安全。低空飞行的安全隐患破坏了这种契约关系，安全事故的发生会造成人员伤亡、财产损失等严重后果，与促进社会福祉的目标背道而驰。

为解决这一问题，技术创新成为关键。研发先进的避障系统、高精度定位技术以及智能化的飞行管理系统，能够提高飞行器的安全性。同时，加强监管也至关重要。建立严格的飞行审批制度，对飞行器的适航性进行严格检查，对违规飞行行为进行严厉惩处，可规范低空飞行的秩序。

7.2.1.3　资源分配不均困境

低空经济的发展需要大量资源的投入，包括空域资源、资金、技术等。在发展过程中，资源分配不均的问题逐渐凸显。在空域资源方面，大城市和经济发达的地区往往能够优先获得更多的低空空域，用于发展低空旅游、物流配送等业务，而农村和偏远地区则因空域资源有限，难以开展相关的低空经济活动。从资金和技术投入来看，大型企业和发达地区凭借雄厚的经济实力和科技资源，能够吸引大量资金用于低空经济项目的研发和建设。

例如，一些科技巨头在城市空中交通项目上投入大量资金，研发电动垂直起降等先进技术。而中小企业和经济不发达地区则因缺乏资金和技术支持，低空经济发展举步维艰。

这种资源分配不均违背了公平正义的伦理原则。约翰·罗尔斯的《正义论》强调，社会和经济的不平等应这样安排，使它们在与正义的储存原则一致的情况下，适合于最少受惠者的最大利益。低空经济资源分配不均，不利于弱势群体和地区的发展，阻碍了社会整体的公平发展。

为促进资源公平分配，政府应发挥主导作用。通过制定政策，引导资金向农村和偏远地区倾斜，支持当地开展低空经济项目，如在农村地区发展无人机植保、物流配送等业务。在空域资源分配上，通过科学规划，合理分配低空开放空域，确保各地区都有发展低空经济的机会。

7.2.1.4　环境影响争议

低空飞行器的运行对环境产生了多方面影响，引发了一系列伦理争议。一方面，飞行器的噪声污染对周边居民的生活造成干扰。在低空旅游项目中，直升机、观光飞机等频繁飞行产生的噪声，降低了居民的生活质量，影响了野生动物的栖息和繁殖。例如，在一些自然保护区周边开展低空旅游活动，导致鸟类等野生动物的迁徙路线发生改变，栖息地受到破坏。

另一方面，部分飞行器的尾气排放对大气环境造成污染。尤其是一些使用传统燃油的低空飞行器，排放的氮氧化物、碳氢化合物等污染物，加剧了空气污染。从生态伦理角度来看，生态中心主义强调自然界的内在价值，人类应尊重和保护自然生态系统。低空经济发展对环境的破坏违背了这一理念，忽视了自然的固有价值和生态系统的平衡。

为减少环境影响，需推动绿色技术创新，研发和推广使用清洁能源的低空飞行器，如电动无人机、氢燃料电池驱动的飞机等。同时，合理规划低空飞行路线，避免在生态敏感区和人口密集区飞行，从源头上降低噪声和大气污染，实现低空经济发展与环境保护的协同共进。

总而言之，低空经济的发展为社会带来了巨大的经济和社会效益，但其中蕴含的伦理问题也不容忽视。从隐私侵犯到安全隐患，从资源分配不均到环境影响，这些问题需要我们从伦理理论出发，深入分析并寻找解决方法。通过完善法律法规、加强技术创新、优化资源分配和推动绿色发展等多方面举措，在保障低空经济发展的同时，坚守伦理底线，实现经济效益、社会效益和生态效益的有机统一，确保低空经济沿着健康、可持续的方向发展。

7.2.2　社会融合

在科技飞速发展与政策大力支持的当下，低空经济从概念设想逐步转为现实产业，发展势头迅猛，对社会的诸多方面产生了广泛而深刻的影响。从经济结构调整到社会民生改善，从科技创新升级到就业格局重塑，低空经济已成为影响社会发展的关键力量。

7.2.2.1　创造多元就业岗位，缓解就业压力

低空经济产业体系庞大，涵盖了从研发制造到运营服务的多个环节，为社会

创造了丰富多样的就业岗位。在研发制造领域，需要大量的航空航天工程师、机械设计师、电子工程师等专业技术人才，来设计和研发各类低空飞行器，如无人机、电动垂直起降飞行器（eVTOL）等。据相关数据显示，在无人机制造行业，随着产业规模的不断扩大，对专业研发人员的需求正以每年 20%～30% 的速度增长。在运营服务方面，催生了无人机驾驶员、低空飞行调度员、航空维修技师等新兴职业。截至 2024 年 8 月，我国的 198.7 万架无人机仅有 22 万本驾驶员执照，人才供需失衡问题严峻，存在着近百万的人才缺口。

以深圳宝安的无人机系统应用测试基地为例，截至 2024 年 12 月，已有新空时代、拓浦、丰翼 3 家企业入驻。该基地累计培训时长已达到 1020 小时，有 3774 架次无人机频繁升空作业，助力百余名学员获得 CAAC 无人机执照与教员执照，为低空经济产业培养了众多专业人才。

7.2.2.2 推动产业融合，促进经济结构优化升级

低空经济并非孤立发展，而是与众多传统产业深度融合，成为推动经济结构优化升级的重要力量。在农业领域，无人机植保作业得到广泛应用。通过搭载高清摄像头和传感器，无人机能够精准监测农作物的生长状况，及时发现病虫害，并准确喷洒农药和肥料。这不仅提高了农业生产效率，减少了人工成本，还降低了农药的过度使用，有利于环境保护。据统计，使用无人机进行植保作业，可使农药使用量减少 20%～30%，作业效率提升 5～10 倍。在物流行业，无人机和 eVTOL 为解决"最后一公里"配送难题提供了新方案。

例如，在一些交通拥堵的城市区域或偏远山区，无人机能够快速、高效地将货物送达目的地，极大地提高了物流配送效率。春节期间，联合飞机集团在安徽芜湖推出"联飞快送"服务，通过无人机配送年夜饭和节日餐食，为消费者带来了全新体验。

此外，低空经济与旅游产业融合，催生了低空旅游新业态。游客可以乘坐直升机、热气球或小型飞机，从空中俯瞰美丽的自然风光和城市景观，丰富了旅游体验。例如，四川依托自身产业优势，低空飞行市场持续火热，全省累计飞行 14.9 万架次、2.77 万小时，直接产值超过 1 亿元。

7.2.2.3 提升公共服务水平，改善社会民生福祉

低空经济在公共服务领域的应用，为改善社会民生福祉发挥了积极作用。在应急救援方面，低空飞行器能够快速抵达灾害现场，如地震、洪水、火灾等，开展灾情侦察、物资投送和人员救援等工作。

在医疗急救领域，部分地区已经开始尝试使用无人机运输血液、药品等紧急医疗物资。例如，某血站自 2023 年 3 月启用无人机运输以来，配送任务已超过 2000 单。相比传统的地面交通，无人机运输更加快捷，可节省一半以上时间，大大缩短了急救等待时间。

在城市管理方面，低空飞行器可用于城市规划监测、交通流量监测、环境监测等工作。例如，利用无人机搭载高分辨率摄像头，能够对城市违建行为进行实时监测与及时处理。

7.2.2.4 激发科技创新活力，推动技术进步

低空经济的发展对科技创新提出了诸多需求，有力地推动了相关技术的进步。

在飞行器技术方面，为了提高无人机和 eVTOL 的性能，科研人员不断研发新型材料、优化动力系统和飞行控制系统。例如，采用新型复合材料，使飞行器既能减轻重量，又能提高结构强度和稳定性；研发更高效的电池技术，延长飞行器的续航里程。

在通信导航技术领域，为实现低空飞行器的精准定位和稳定通信，需要科技不断创新。我国北斗卫星导航系统在低空经济中的应用不断深化，其高精度定位能力为飞行器的安全飞行提供了保障。同时，5G 通信技术的发展也为低空飞行器与地面控制中心之间实时传输数据创造了条件，实现了对飞行器的远程精准控制。

此外，人工智能技术在低空经济中的应用也日益广泛。通过人工智能算法，飞行器能够实现自主避障、智能路径规划等功能，提高了飞行的安全性和效率。

7.2.2.5 加速区域协调发展，缩小城乡差距

低空经济的发展有助于打破区域之间的地理限制，促进区域协调发展，缩小城乡差距。

一些偏远的农村地区和经济不发达地区，由于交通不便，经济发展受到制

约。低空经济的兴起，为这些地区带来了新的发展机遇。

例如，通过开展无人机物流配送，能够将特色农产品快速运输到城市，从而拓宽了农产品的销售渠道，增加了农民的收入。

同时，低空旅游的兴起也可以促进城市居民前往乡村地区旅游，带动当地经济发展，促进乡村振兴。

在区域协同发展方面，不同地区可以根据自身的资源禀赋和产业基础，在低空经济产业链中精准定位，实现优势互补。经济发达地区可以侧重于研发制造和高端服务等环节，而资源丰富的地区则可以发展低空旅游、农林作业等应用。通过区域之间的合作，可以实现共同发展。

低空经济的发展正全方位地影响着社会的进程。从就业、民生、科技、区域发展等多个维度，低空经济都展现出了巨大的潜力和积极的推动作用。随着技术的不断进步和应用场景的持续拓展，未来，低空经济将在社会发展中扮演更为重要的角色，为社会的繁荣和进步做出更大的贡献。

章后小结

本章对低空经济的发展进行了多维度展望，主要涵盖技术趋势与社会影响两大核心领域。

在技术趋势方面，低空经济前景广阔，人工智能、5G 通信、新能源等技术的深度应用，将推动无人机物流、空中出行等产业实现智能化、高效化发展。然而，技术发展也面临诸多困境，如飞行安全保障技术有待突破、低空交通管理系统不够完善等。为此，需通过加大技术研发投入、推动产学研合作、完善政策标准等方式实现破局。

在社会影响层面，低空经济的发展引发了一系列伦理思考，包括个人隐私保护、飞行事故权责界定、数据安全等问题，这些都需要在发展过程中妥善解决。同时，低空经济与社会的融合也在不断深化，低空经济不仅改变了城市交通布局和物流配送模式，还创造了新的就业机会，推动了产业结构的优化与升级。未来，需要在技术创新与社会发展之间实现平衡，确保低空经济实现可持续发展。

参 考 文 献

[1] 朱克力．低空经济：新质革命与场景变革．北京：新华出版社，2024.

[2] 黄正中．低空经济及其应用场景．长沙：湖南人民出版社，2024.

[3] 沈映春，赵雨涵．低空经济：中国经济发展新引擎．北京：中信出版集团，2024.

[4] 兰旭东，陈向．低空经济：新质生产力的一种新经济结构．北京：电子工业出版社，2025.

[5] 严月浩，朱新宇，郝瑞．低空经济：全要素解码．西安：西北工业大学出版社，2025.

[6] 赛迪顾问．中国低空经济发展研究报告（2024）．工信部赛迪研究院，2024.

[7] 王姣娥等．中国低空经济发展指数报告（2025）．地理资源所，2025.

[8] 罗军等．低空经济发展趋势报告．中国低空经济联盟，2025.

[9] 郭倩，毛思倩．从"飞起来"到"飞得好"低空经济需跃过几道关．经参产业瞭望，2025-5-13.

[10] 郭倩．到2035年新建低空通信基站总投入预计超千亿元 低空智联网护航低空经济"飞得好"．新华社，2025-4-23.

[11] 杜娟．低空经济发展趋势报告发布 六大趋势揭示低空经济发展规律．中国日报网，2025-4-27.